Um Modo de Entender

uma nova forma de viver

"A boa absorção ou abertura de consciência acontece somente no momento em que não nos prendemos na forma. Aprofundarmo-nos no conteúdo real quer dizer: 'Quem não quebra a noz, só lhe vê a casca'. Mas para 'quebrar a noz' é preciso senso e noção, base e atributos que requerem tempo para se desenvolverem convenientemente."
Hammed

(Trecho extraído do livro "Renovando Atitudes")

11ª edição
Do 71º ao 72º milheiro
1.000 exemplares
Janeiro/2024

© 2010 - 2024 by Boa Nova Editora

Capa
Graphos Art & Studio

Diagramação e Projeto gráfico
Juliana Mollinari

Revisão
Mariana Lachi
Paulo César de Camargo Lara

Coordenação Editorial
Ronaldo A. Sperdutti

Impressão
Lis gráfica

O produto da venda desta obra é
destinado à manutenção das atividades
assistenciais da Sociedade Espírita
Boa Nova, de Catanduva, SP.

1ª edição: Dezembro de 2004 - 10.000 exemplares

Francisco do Espírito Santo Neto
ditado por **Hammed**

Um Modo de Entender
uma nova forma de viver

boanova®
editora

Instituto Beneficente Boa Nova
Entidade coligada à Sociedade Espírita Boa Nova
Av. Porto Ferreira, 1.031 | Parque Iracema
Catanduva/SP | CEP 15809-020
www.boanova.net | boanova@boanova.net
Fone: (17) 3531-4444

Dados Internacionais de Catalogação na Publicação (CIP)
(Câmara Brasileira do Livro, SP, Brasil)

Hammed (espírito) .
    Um modo de entender: uma nova forma de viver /
pelo espírito Hammed ; [psicografado por]
Francisco do Espírito Santo Neto. -- Catanduva,
SP : Boa Nova Editora, 2004.

ISBN 978-85-8353-056-5

    1. Espiritismo 2. Psicografia I. Espírito Santo
Neto, Francisco do. II. Título.

04-7412	CDD-133.93

Índices para catálogo sistemático:

1. Mensagens psicografadas : Espiritismo 133.93

Impresso no Brasil/*Presita en Brazilo*

SUMÁRIO

INTRODUÇÃO

"Ninguém põe vinho novo em odres velhos; caso contrário, o vinho novo estourará os odres, derramar-se-á, e os odres ficarão inutilizados. Coloque-se, antes, vinho novo em odres novos. Não há quem, após ter bebido vinho velho, queira do novo. Pois diz: O velho é que é bom!"
(Lucas, 5:37 a 39.)

Dando-lhe a habilidade de pensar, o Criador permitiu que a criatura humana pudesse transmitir e, ao mesmo tempo, receber ideias, opiniões, pontos de vista e juízos sobre a sua existência, o Universo e a Natureza, enfim sobre o mundo em que vive e sobre si mesma.

São compreensíveis a postura de descrença e o espírito de rejeição dos conceitos e visão de mundo dos outros. Frequentemente, para tudo e para todos, os indivíduos têm sempre uma palavra de crítica velada ou explícita.

Não tivesse o homem essa admirável capacidade de pensar e contestar, a humanidade seria um aglomerado de seres similares e inexpressivos, nivelados de forma simplista, infrutíferos, e incapazes de realizar qualquer coisa diferenciada no Planeta.

A propósito, disse Voltaire, referindo-se à contestação: "Posso não concordar com nenhuma das palavras que você diz, mas defenderei até a morte o seu direito de dizê-las".

Creditamos à heterogeneidade do pensamento reflexivo uma função essencial em prol de uma vida melhor e, simultaneamente, uma fonte vital de progresso psicológico que elucida e expande as consciências.

Afinal, o ato de pensar – exercer a capacidade de julgamento, dedução ou concepção – é, para o ser humano, uma faculdade inerente de co-criação e, acima de tudo, uma importante "arma de defesa" contra as adversidades da vida, ou "abrigo seguro" contra qualquer tipo de pressão interna ou externa.

A interpretação é criadora. Há hermenêuticas que são redutoras e destrutivas, enquanto outras são amplificadas e construtivas. Temos um saber relativo do absoluto, mas cada entendimento complementa o outro, como os raios do sol; no entanto, nenhum raio é todo o sol.

Não podemos ter a nossa visão afunilada por aquilo que sabemos, pois quem possui essa postura perante o mundo é considerado um ser obtuso. Por vezes, encontramos seres restritos, mas repletos de títulos acadêmicos e cursos de pós--graduação.

Nossa maior tragédia é supor que já chegamos a algum lugar ou conhecemos tudo, e interrompermos a nossa marcha de ser caminhante no processo de crescimento contínuo.

O principal objetivo desta obra é levar a todos um modo de "pensar meditativo" a respeito dos ensinamentos de Jesus de Nazaré. É abrir todas as janelas da casa mental para que possamos ver claro "o oriente e o ocidente", "o nascer e o pôr--do-sol", enfim para que possamos enxergar as diversas partes daquilo que se pensa ou se concebe, e o jeito como elas se apresentam.

Contudo, estas páginas não pretendem oferecer soluções imediatistas para os dilemas da vida humana. Tencionam simplesmente sugerir uma outra maneira de raciocinar sobre esses mesmos conflitos existenciais. Isto é, tudo pode ser repensado, substituído, modificado, conservado ou recriado, se acharmos assim adequado em razão do que julgarmos melhor para nós e para o nosso mundo.

O Espiritismo abrange todos os conhecimentos humanos, usa o critério lógico e a fé raciocinada, abrindo ao homem todas as "janelas do mundo", para que ele analise as coisas em seus diferentes aspectos.

Organizamos nossas singelas ideias e opiniões anexando-as a determinados versículos do Novo Testamento, dando-lhes matizes especiais, estabelecendo sínteses e tentando descerrar-lhes o sentido oculto. De algumas citações aproveitamos breves referências e, de outras, a sua totalidade.

Esperamos que o critério por nós adotado interaja com a busca existencial dos leitores e que eles encontrem nestas páginas citações e concepções que possam elucidar suas dúvidas, equacionar seus conflitos, além de alimentá-los com o pão do espírito.

Algumas pessoas, ao se entregarem à avaliação do conteúdo deste livro, poderão lançar mão das palavras do evangelista Lucas e se expressarem assim: "Vocês apenas estão despejando vinho velho em garrafas novas".

E responderemos: "Sim, o trabalho de interpretação dos textos evangélicos é realmente vinho velho". Entretanto, precisamos sempre renovar os vasilhames, utilizar uma nova linguagem que se ajuste à sociedade atual ou se caracterize pela contemporaneidade, e que ofereça respostas lúcidas e lógicas ao estado de ceticismo e transição evolutiva pelo qual passa a humanidade.

Se estas páginas[1] forem receptivas a um número reduzido de interessados, mesmo assim terão cumprido perfeitamente a finalidade que animou sua elaboração. Quando há receptividade, ainda que mínima, sabemos que poderá haver renovação e renascimento, cura e mudança, individuação ou amadurecimento espiritual. E isso, para nós, será motivo de satisfação e de dever cumprido.

---

[1] Algumas páginas foram, inicialmente, publicadas pela Boa Nova Editora e Distribuidora de Livros Espíritas de Catanduva, de forma avulsa. Ressurgem agora revisadas e readaptadas para uma melhor apresentação e ordenação do conjunto - Nota do autor espiritual.

Quero deixar registrado que, ao escrever esta obra, utilizei parte daquilo que descobri, aprendi, vivenciei e que testei em mim mesmo; portanto, compartilho com todos os bons resultados que sobreviveram a esse teste.

Ofertamos aos leitores **"um modo de entender"** que pode levá-los a **"uma nova forma de viver"**, se buscarem na própria intimidade o "Reino dos Céus" ou o "Refúgio Sagrado", utilizando como tocha a luz multidisciplinar da ciência, da filosofia e da religião.

Catanduva, 20 de setembro de 2004.
Hammed

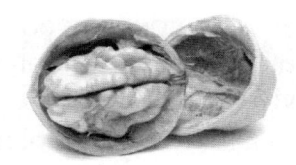

1

REPROGRAMAÇÃO

Nasceste no lar de que precisavas.

Vestiste o corpo físico que merecias.

Moras no melhor lugar que Deus poderia te proporcionar, de acordo com teu adiantamento.

Possuis os recursos financeiros coerentes com as tuas necessidades; nem mais nem menos, mas o justo para as tuas lutas terrenas.

Teu ambiente de trabalho é o que elegeste espontaneamente para a tua realização.

Teus parentes e amigos são as almas que atraíste com tuas próprias afinidades.

Portanto, teu destino está constantemente sob teu controle.

Tu escolhes, recolhes, eleges, atrais, buscas, expulsas, modificas tudo aquilo que te rodeia a existência.

Teus pensamentos e vontades são a chave de teus atos e atitudes, são as fontes de atração e de repulsão na tua jornada vivencial.

Não reclames nem te faças de vítima. Antes de tudo, analisa e observa. A mudança está em tuas mãos.

Reprograma tua meta. Busca o bem e viverás melhor.

(Mensagem recebida pelo médium Francisco do Espírito Santo Neto em reunião pública da Sociedade Espírita Boa Nova, na noite de 06/03/1996.)

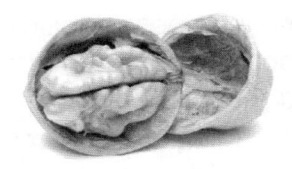

2

APRENDENDO
A NOS AMAR

"Ele respondeu: Amarás ao Senhor teu Deus de todo o teu coração, de toda a tua alma e de todo o teu entendimento. Esse é o maior e o primeiro mandamento. O segundo é semelhante a esse: Amarás o teu próximo como a ti mesmo. Desses dois mandamentos dependem toda a Lei e os Profetas".
(Mateus, 22:37 a 40.)

Em verdade, o exercício da aprendizagem do amor inicia-se pelo amor a si mesmo e, consequentemente, pelo amor ao próximo, chegando ao final à plenitude do amor a Deus.

Esses elos de amor se prendem uns aos outros pelo sentimento de afeto desenvolvido e conquistado nas múltiplas experiências acumuladas no decorrer do tempo em que nossas almas estagiaram e aprenderam a conviver e melhorar.

Muitos de nós nos comportamos como se o amor não fosse um sentimento a ser aprendido e compreendido. Agimos como se ele estivesse inerte em nosso mundo íntimo, e passamos a viver na espera de alguém ou de alguma coisa que possa despertá-lo do dia para a noite.

Vale considerar que, quanto mais soubermos amar, mais teremos para dar; quanto maior o discernimento no amor, maior será a nossa habilidade para amar; quanto mais compartilhá-lo com os outros, mais ampliaremos nossa visão e compreensão a respeito dele.

Iniciamos a conquista do amor pleno pelos primeiros degraus da escada da evolução. No começo, nossas qualidades e valores íntimos se encontravam em estado embrionário e, ao longo das encarnações sucessivas, estruturaram-se entre as experiências do sentimento e as do raciocínio. Quando congelamos a concepção sobre o amor, passamos a enxergá-lo de forma romântica e simplista.

O amor a Deus e aos outros como a si mesmo é noção que se vai desenvolvendo pelas bênçãos do tempo. As belezas do Universo nos são reveladas à proporção que amamos; só assim nos tornamos capazes de percebê-las cada vez mais e em todos os lugares.

Disse Jesus que toda a lei e os profetas se acham contidos nestes dois mandamentos: *"Amarás ao Senhor teu Deus de todo o teu coração, de toda a tua alma e de todo o teu entendimento. Esse é o maior e o primeiro mandamento. O segundo é semelhante a esse: Amarás o teu próximo como a ti mesmo".*

Apenas damos ou recebemos aquilo que temos. Quem ainda não aprendeu a amar a si próprio não pode amar aos outros. Não peçamos amor antes de dá-lo a nós mesmos, pois o amor que tenho é o que dou e o que recebo.

À medida que aprendemos a nos amar, adquirimos uma lucidez que nos proporciona identificar nos conflitos um alerta de que estamos indo na direção contrária à nossa maneira de sentir e de pensar. Quanto mais aprendemos a nos amar, mais nos desvinculamos de coisas que não nos são saudáveis, a saber: pessoas, obrigações, crenças e tudo que possa nos invadir a individualidade e nos prostrar ou rebaixar. Muitos chamarão essa atitude de egoísmo, no entanto deveremos reconhecê-la como o ato de amar a si mesmo.

Quando nos colocarmos a serviço do amor verdadeiro, a autoestima nascerá em nossa vida como valiosa aliada nas dificuldades existenciais.

3

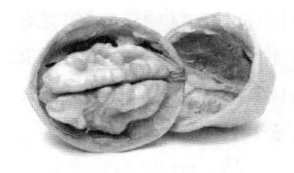

MÁSCARAS

Os atos e as atitudes que tomamos no presente estão intimamente ligados a desejos, aspirações, sentimentos e emoções antecedentes.

Nossas ações não são efetivadas sem razões anteriores. Toda atuação de hoje é influenciada por crenças, preconceitos, valores éticos, convenções sociais, visto que é por detrás da cortina do teatro da vida íntima que estão as verdadeiras razões do nosso jeito de agir e de pensar.

Todos nós passamos por situações constrangedoras e estonteantes, e, por não sabermos lidar com elas e por desconhecer sua origem, quase sempre acionamos mecanismos de defesa do ego.

Esses mecanismos podem ser definidos como um conjunto

de emoções e tendências comportamentais que ocorrem automaticamente quando percebemos, de forma consciente ou não, uma ameaça psíquica, e queremos nos proteger dessa amarga realidade.

Os mecanismos de defesa estão ligados de certo modo às funções adaptativas do ego – são "molas" que amenizam os golpes psicológicos que sofremos na alma. Por isso, não devem ser vistos simplesmente como sinônimos de patologia emocional, porquanto seu uso instintivo será considerado adequado ou não, desde que sejam utilizados durante o "tempo necessário" para equilibrar ou recompor a saúde integral.

A perpetuidade de qualquer medida defensiva do ego diante de um fato ou acontecimento poderá ser definida como doença ou desequilíbrio de uma função psíquica.

Em muitas ocasiões, as "dores da alma" tendem a dar continuidade a um ou a outro mecanismo de defesa, levando-nos à formação de uma grande e insuportável coleção de máscaras e, sem dúvida, a uma diversidade de "eus desconexos".

François de La Rochefoucauld, escritor francês, dizia que "ficaríamos envergonhados de nossas melhores ações, se o mundo soubesse as reais intenções que as motivaram".

É verdade que desconhecemos inúmeros meandros da nossa conduta atual e precariamente suspeitamos de que forma certas ocorrências desconhecidas especificam nosso modo de agir.

Muitas "ações caritativas", se fossem avaliadas profundamente, talvez trouxessem à tona da nossa consciência revelações surpreendentes e inesperadas. Poderíamos observar que a raiz intencional que as motivou foi: compensação do complexo de inferioridade, desatenção seletiva diante de situações aflitivas, entorpecimento de sensações afetivas, introjeção de onipotência, deslocamento de vantagens políticas, negação de interesses sociais, projeção de imunidade e regalias, repressão de sentimentos não admitidos.

Não estamos aqui fazendo menção dos verdadeiros "atos de caridade", nem induzindo ninguém a fazer um julgamento precipitado sobre o comportamento alheio, mas nos convidando a fazer uma reflexão sobre as raízes do nosso comportamento.

Ainda que não admitamos, somos bons atores gregos, representando, de forma pensada ou não, nossos papéis com as máscaras apropriadas.

A Sabedoria do Universo discerne *"as disposições e as intenções do coração. E não há criatura oculta à sua presença. Tudo está nu e descoberto aos olhos daquele a quem devemos prestar contas"*.

Deus não julga somente os atos em si, mas as reais intenções que antecedem esses atos. Entretanto, sabemos que a Bondade Absoluta não castiga ninguém, apenas deseja que procuremos aprender, crescer e amadurecer.

Hoje, quem tem um mínimo de nitidez interior entende que os fenômenos psicológicos que se processam na psique humana devem ser entendidos e assimilados e os seus conteúdos (esquecidos e bloqueados) trazidos à luz da consciência.

Por fim, gostaríamos de deixar claro que, do que foi aqui exposto, não tivemos a intenção de nos impor culpas. As culpas, anteriormente denominadas "pecados", não nos devem induzir à autocondenação, e sim à auto-análise, reparação e transformação íntima; jamais à censura, mortificação e castigo.

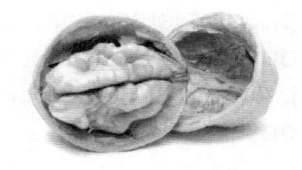

4

AMADURECIMENTO

"Irmãos, quanto ao modo de julgardes, não sejais como crianças; quanto à malícia, sim, sede crianças, mas, quanto ao modo de julgar, sede adultos".
(I Coríntios, 14:20.)

Quem julga as pessoas e o mundo como responsáveis pela sua infelicidade é infantil e inexperiente.

Quem assume seus erros e se responsabiliza por tudo o que está vivendo interior e exteriormente, traz consigo a maturidade da criatura sábia e sensata, que aprendeu a enxergar a vida com os olhos do discernimento.

A Espiritualidade não nos aprecia ou julga com o "cetro da perfeição"; ao contrário, leva em conta as limitações de nossa condição evolutiva. Ela procura sempre estabelecer o equilíbrio da justiça, pedindo a quem muito sabe e pouco exigindo daquele que quase nada conhece.

São denominados "cuidadores" ou "salvacionistas" os indivíduos que dispensam exagerada atenção e excessivo cuidado à vida das pessoas. Inconscientemente, sentem-se responsáveis por problemas, escolhas, atos, sentimentos, bem-estar e destino de outrem. Esse comportamento, desprovido de maturidade psicológica, manifesta desrespeito à individualidade e invasão dos limites alheios.

Essa "mentalidade salvacionista" pode ter origem na atitude de superproteção cultivada pelos pais na educação dos filhos. Os adultos alegam que as crianças são ainda incapazes e indefesas e, assim, impedem-lhes o exercício diário do desenvolvimento de seu potencial – conjunto de qualidades de todo ser humano ou sua capacidade de realização. Por exemplo, amamentam-nas ou dão-lhes de comer numa fase onde elas, por si sós, são capazes de fazer sozinhas; com isso retardam seu amadurecimento, conservando-as dependentes e inseguras emocionalmente.

Por analogia, podemos comparar o ato da alimentação "física" com o ato da alimentação "emocional/espiritual". Quem tenta, obsessivamente, cuidar dos outros e controlá-los, sob a alegação de "amor ou caridade", na realidade está apenas dificultando e retardando o despertar das habilidades inatas deles.

"Irmãos, quanto ao modo de julgardes, não sejais como crianças; quanto à malícia, sim, sede crianças, mas, quanto ao modo de julgar, sede adultos".

O procedimento mais benéfico que podemos adotar para facilitar nosso amadurecimento espiritual, é exercitar o auto-julgamento e assumir total responsabilidade por tudo aquilo que sentimos, pensamos e fazemos, deixando que os outros aprendam também a se autojulgar e autorresponsabilizar-se através das próprias experiências.

Ninguém deposita em braços frágeis objetos pesados. Analogamente, a Divina Providência não nos apresenta um problema sem que tenhamos a capacidade de resolvê-lo.

O que estamos vivendo hoje é produto de nossas escolhas, decisões e, portanto, é responsabilidade só nossa. Quando aceitarmos plenamente essa afirmação, teremos condições de discernir com maior clareza os limites das verdadeiras necessidades, nossas e dos outros.

5

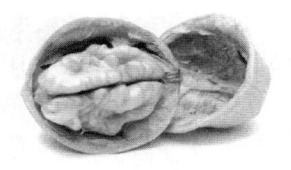

A MOCHILA
IMPERCEPTÍVEL

"Pois nada há de oculto que não se torne
manifesto, e nada em segredo que não seja
conhecido e venha à luz do dia".
(Lucas, 8:17.)

Cantos assombreados, salas nubladas, sótãos escuros, porões enegrecidos podem ser excelentes metáforas para entendermos os departamentos íntimos da nossa casa mental – nosso "lado sombrio". Todos temos aspectos escuros, dissimulados, reprimidos e ignorados.

Disse o Dr. Carl Jung: "Todo homem tem uma sombra e, quanto menos ela se incorporar à sua vida consciente, mais escura e densa ela será. Desse modo, ela forma uma trava inconsciente que frustra nossas melhores intenções". E, disse em outra ocasião: "Aquilo que não fazemos aflorar à consciência aparece em nossas vidas como destino".

Se tomarmos consciência exata de tudo aquilo que está dentro de nós, encontraremos salvação e bem-estar; no entanto, se desconhecermos e não expressarmos o que está em nossa intimidade, então encontraremos destruição e insanidade.

Na Antiguidade e na Idade Média, os "demônios" serviram de bode expiatório para toda sorte de impulsos e emoções deploráveis dos seres humanos. A concepção medieval era simplista: acreditava-se que todo e qualquer pensamento ou ação era proveniente de agentes malignos, não se admitindo que as denominadas possessões pudessem ser também desordens ou desequilíbrios emocionais que surgiam da área mais escura e negada de nós mesmos – a nossa sombra pessoal.

É frequente acreditarmos que existe somente a sombra de desvirtude – faces inaceitáveis da nossa personalidade, que negamos e que nos causam embaraços. Esses são impulsos que não queremos mostrar ao mundo nem a nós mesmos. Entretanto, há também uma sombra de luz – um lugar onde enterramos nossa autenticidade, potenciais e aptidões inatas; há "deuses embrionários" dentro de cada ser humano esperando o desenvolvimento.

Aonde quer que vamos, carregamos uma "grande sacola escura", seja nos recantos bucólicos da Natureza, seja nos campos hostis da luta humana; seja nas moradias comuns, nos lugares de mau aspecto, seja nas belas e suntuosas residências. Onde estivermos, ela estará conosco.

Por analogia, a sombra é uma "mochila" que levamos nas costas e que; quase nunca é vista claramente. Nela está tudo aquilo que não vemos e não admitimos em nós mesmos. Uma vez levada à luz da consciência, dela emergem as nossas facetas ocultas.

As áreas sombrias da psique apenas são escuras quando dissimuladas e reprimidas; quando retiradas do "fundo do abismo" do reino interior, encontramos suas funções latentes e seus valores não manifestados; aí então ficamos integrados. Não há *"nada em segredo que não seja conhecido e venha à luz do dia"*.

Nós achamos que somos maus, no entanto somos apenas ignorantes.

Nós achamos que temos um interior inadequado, no entanto temos um jeito de ser único.

Nós achamos que deveríamos ser perfeitos, no entanto somos apenas seres em desenvolvimento espiritual.

Nós achamos que somos anormais, no entanto somos apenas criaturas vivenciando a normalidade da imperfeição humana.

Tudo que é muito escondido um dia emerge abruptamente. *"Pois nada há de oculto que não se torne manifesto".* Nosso lado sombrio, quando aceito, pode se corporificar em forma de liberdade, saúde e serenidade.

Devemos viver como se fôssemos um "livro aberto". Não queremos dizer com isso que precisamos viver escancarados para o mundo, mas que, se fechados, ficaremos impossibilitados de nos vermos claramente.

Deus não quer que vivamos os anseios e os projetos de vida dos outros, e sim que concretizemos nossas propostas e anseios existenciais. Nosso movimento interno ou inclinação natural são os motivadores que nos incitam à realização pessoal. E, fora de nossa realização pessoal, não há felicidade, paz e alegria de viver.

O fato de negarmos a nós mesmos nos impede a liberdade de viver de forma legítima, sincera e verdadeira. Os aspectos internos que mais tememos podem ser o meio de acesso para a solução que estamos procurando ou a ideia-chave para nossos conflitos.

6

CONSCIENTIZAÇÃO

"Nesse dia compreendereis que estou em meu Pai e vós em mim e eu em vós".
(João, 14:20.)

Quando não visualizamos os nossos erros, não admitimos que somos nós que produzimos as nossas dores. Quando não percebemos que nossos inimigos residem em nossa casa mental, apontamos os outros como a causa de nossos dissabores; quando não permitimos mudança no mundo interior, exigimos mudança no mundo exterior.

Quem se conscientiza do processo das leis divinas entende a dor, e encontra seu valor de contribuição para o engrandecimento da própria existência. Todas as experiências (positivas ou negativas) nos ensinam algo; basta estarmos dispostos a aprender. Nossas escolhas podem nos livrar, ou não, do cárcere da escravidão emocional.

A mensagem da Inteligência Universal é sempre aquela que incentiva a conscientização de nossas potencialidades e dons naturais. Quando despertamos espiritualmente, passamos a entender a dor por outro prisma.

A vida é um processo evolutivo no qual todos somos "criaturas caminhantes".

Precisamos ainda percorrer um longo trajeto para atingir o desenvolvimento total de nossas aptidões inatas. A Consciência Divina apenas espera nosso despertar, ou seja, que saiamos do sono da inconsciência de nós mesmos.

O ser consciente é uma criatura renovada pela experiência interior. Vive na iluminação íntima como uma pessoa comum no seio da coletividade. Seu eixo de sustentação não se encontra fora, mas dentro de si. Dispensou a segurança das expectativas e das idealizações do "eu inferior" porque tem a convicção e a estabilidade sublime do "Eu Superior".

Não obstante a nossa origem sagrada, muitos entraves nos prendem à ideia de separação da Unidade Cósmica, contrariando o que o Mestre nos ensinou ao afirmar que *"nesse dia compreendereis que estou em meu Pai e vós em mim e eu em vós"*.

Ele se identificou com a Paternidade Celestial, à "imagem e semelhança"[1] da Divindade que o criou.

---

[1] Gênesis, 1:26 e 27.

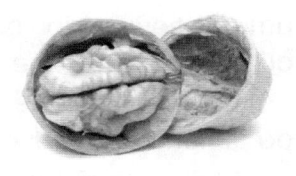

7

SEMEADURA

"Não vos iludais; de Deus não se zomba.
O que o homem semear, isso colherá".
(Gálatas, 6:7.)

A assertiva do Apóstolo dos Gentios nesta passagem é expressiva. Assinala uma orientação essencial a todos aqueles que estão buscando o desenvolvimento e crescimento espiritual.

Aqueles que possuem total identificação com o Senhor da Vida guardam em seu poder uma máxima capacidade de entendê-lo, por isso afirmam: *"Não vos iludais; de Deus não se zomba".*

Zomba-se ou desdenha-se das coisas a que não se dá importância, e essa desconsideração ou irreverência pode ter como resultado uma semeadura amarga: *"O que o homem semear, isso colherá".*

Na semeadura a que nos referimos no versículo em estudo não é feita a colheita do castigo ou da punição por zombar da Divindade, mas a da infelicidade daquele que não tem por certo um poder superior, que não se rende ou se submete à "marca" ou "selo divino" que dirige sua existência.

Quem sabe que Deus não é uma mera figuração reflexiva do pensamento filosófico ou religioso o respeita profundamente, pois está plenamente convencido de que Ele é o Psiquismo Universal, a Causalidade Absoluta de tudo o que existe.

A pior colheita é a dos frutos da desventura: não crer em si (como Espírito imortal) nem em Deus, e prosseguir vivendo nessa condição.

Felicidade é o subproduto de nossa responsabilidade pelo uso do livre-arbítrio. Autorresponsabilidade é conquista de quem reconheceu que ninguém pode nos fazer feliz, uma vez que felicidade é trabalho interior – pode ser compartilhada, entretanto cada um deve conquistá-la por si mesmo.

Somos nós que escolhemos os valores éticos, culturais, ideológicos, religiosos e afetivos, de acordo com nossa coerência interna e nosso grau evolutivo. No entanto, precisamos, igualmente, compreender que o controle sobre a nossa vida não é ilimitado, nem absoluto.

Livre-arbítrio não significa onipotência ou poder soberano. É uma possibilidade de decidir, uma força em nossa vida, não há dúvida, mas não a única que dirige a existência humana.

De épocas em épocas, somos atingidos por forças que independem de nossa vontade consciente – ambientais, culturais, genéticas, políticas e outras tantas –, as quais visivelmente não foram objeto de nossa escolha.

Podemos ter livre-arbítrio sobre como vamos responder a essas forças, mas não sobre o controle de sua ação e determinação.

Um exemplo simples: em certas encarnações podemos nos distanciar do progresso intelecto-espiritual, mas não podemos assim proceder indefinidamente, pois "o homem não pode ficar, perpetuamente, na ignorância, porque deve atingir o fim marcado pela Providência: ele se esclarece pela força das coisas"[1].

Em outras palavras, temos opção momentânea, mas existe uma força determinante que nos faz progredir, querendo ou não, independentemente de nossa vontade ou liberdade de escolha.

---

[1] "O Livro dos Espíritos", questão 783

"É necessário, aliás, distinguir o que é obra da vontade de Deus do que é da vontade do homem"[2].

Sem exceção, as leis divinas ou naturais (escritas na consciência) são desígnios de Deus – indicam ao homem "o que deve fazer e o que não deve fazer"[3].

Eis aqui outros esclarecimentos dos Guias da Humanidade que se encontram em "O Livro dos Espíritos", os quais têm relação com as determinações superiores que dirigem nossas existências:

– Sobre a lei de adoração: "A prece não pode ter por efeito mudar os desígnios de Deus, mas a alma por quem se ora experimenta alívio, porque recebe assim um testemunho do interesse que inspira àquele que por ela pede..."[4].

– Sobre a lei de destruição: "Os flagelos são provas que fornecem ao homem a ocasião de exercitar sua inteligência, de mostrar sua paciência e sua resignação à vontade de Deus, e o orientam para demonstrar seus sentimentos de abnegação, de desinteresse e de amor ao próximo...".[5]

– Sobre a lei de conservação: "Porque todos têm que concorrer para o cumprimento dos desígnios da Providência. Por isso foi que Deus lhes deu a necessidade de viver".[6]

A maior conquista do ser consciente é conceber que há uma Soberania Universal que tudo controla e dirige harmoniosamente; por isso ele não teme entregar as "rédeas existenciais" nas Mãos Celestes.

A maior desdita do homem é ignorar que as vidas são interligadas e que existe para cada um de nós um "plano divino" cuidadosamente traçado pela Vida Maior. É desconsiderar a existência de um desígnio celestial que nos promove, sem que o percebamos, conduzindo-nos ao progresso e à felicidade.

Precisamos desafiar crenças equivocadas ou falsos conceitos a respeito de quais são os nossos verdadeiros limites. A

---

[2] "O Livro dos Espíritos", questão 258.
[3] "O Livro dos Espíritos", questão 614.
[4] "O Livro dos Espíritos", questão 664.
[5] "O Livro dos Espíritos", questão 740.
[6] "O Livro dos Espíritos", questão 703.

Natureza como um todo precisa ser obedecida; a Natureza em mim precisa ser conduzida.

"Eu plantei; Apolo regou; mas era Deus quem fazia crescer"[7].

Essa imagem utilizada por Paulo de Tarso em suas exortações aos coríntios pode nos esclarecer melhor acerca dessa questão pela qual Deus conduz os acontecimentos e as criaturas para o fim que lhes foi destinado.

O apóstolo diz: "Eu plantei", meu companheiro de ideal "Apolo regou" – isso é livre-arbítrio, "mas era Deus quem fazia crescer" – isso é a ação providencial que tudo faz acontecer. Deus é o Mantenedor Supremo do Universo.

A Divindade criou o livre-arbítrio, nós criamos a fatalidade. Entretanto, não podemos ficar reduzidos à condição de vítima; é necessário quebrarmos o estigma dessa crença inadequada e rompermos os grilhões que forjamos para nós mesmos.

Nenhuma pessoa na face da Terra existe para nos servir ou satisfazer as nossas necessidades; somos donos apenas da própria vida, mas não da Vida Maior. Isso quer dizer que cada homem tem o mapa sagrado de sua existência, a ser executado com a colaboração do seu livre-arbítrio, porém circunstanciado pelo grande plano da Soberania Divinal.

Por fim, queremos destacar que a noção de Causalidade Absoluta (vontade de Deus) e de livre-arbítrio (vontade do homem) que estudamos neste versículo não nos deve levar a uma vida de irresponsabilidade, justificando desajustes, discórdia ou separações, atribuindo-os à vontade de Deus. Ou mesmo, acreditar que temos um domínio e controle ilimitados e, por isso somos criaturas poderosas, ou que "tudo que cremos que seja possível acontecer, acontece".

Os conceitos aqui desenvolvidos são fundamentados na autorresponsabilidade e na proposta de nos colocar em contato com a realidade, pois muitos de nós temos a tendência de não assumir os fatos reais da vida, desviando a mente para fantasias filosóficas, para não responder pelas próprias ações.

São considerados alienados todos aqueles que vivem sem conhecer ou avaliar os fatores sociais, religiosos, éticos e culturais

[7] I Coríntios, 3:6.

que os condicionam a viver da forma que vivem e também aqueles que não percebem os impulsos íntimos que os levam a agir da maneira que agem.

"Não vos iludais; de Deus não se zomba. O que o homem semear, isso colherá".

Não são poucos os "zombadores inconscientes", que menosprezam e depreciam sem perceberem as incontáveis revelações providenciais que recebem todos os dias. Por não notarem com nitidez a Suprema Luz agindo em toda a parte, semeiam ilusões no terreno da própria alma e vivem indolentes, desinteressados e descrentes diante das verdades eternas.

O que sentimos, pensamos e fazemos é nossa semeadura, e não querer assumir nossos sentimentos, pensamentos e atitudes também o é.

Somos em síntese a causa e o efeito de nossos atos e atitudes. A responsabilidade pessoal e o livre-arbítrio implicam a obrigatoriedade de respondermos por nossas decisões e comportamentos adotados.

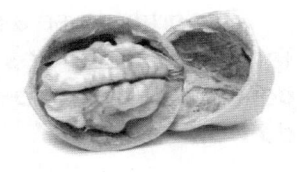

8

RENOVAÇÃO

"A remover o vosso modo de vida anterior – o homem velho, que se corrompe ao sabor das concupiscências enganosas – e a renovar-vos pela transformação espiritual da vossa mente, e revestir-vos do Homem Novo."
(Efésios, 4:22 a 24.)

Por onde andes, observa a Natureza em teu redor. Tudo se renova e tudo se transfunde para surgir de forma restaurada. Velhas folhas são substituídas pelas jovens folhagens. Ao caírem as flores, eis que os frutos despontam para o crescimento. Após a geada que queima a relva, surge novo tapete verde a cobrir as encostas e montes. Tudo que nasce é tenro e suave, repleto das potencialidades do crescer. A vida sempre se renova. Tudo obedece aos ritmos da Natureza.

Primavera, verão, outono e inverno são ciclos da vida que influenciam todos os reinos da Criação Divina.

Por todos os lugares, observa as leis de Deus convidando-te não só à transformação física, mas também à espiritual. Elas solicitam de ti que assimiles novas ideias e novas maneiras de ser.

Reportando-se à necessidade de mudança, disse Paulo de Tarso aos discípulos de Éfeso que era preciso *"renovar-vos pela transformação espiritual da vossa mente, e revestir-vos do Homem Novo".*

Somos um todo, corpo e alma, regido pelas normas amoráveis de Deus. O ser inflexível tende a ficar parado no tempo e a não se adaptar, enquanto que o maleável desliza suavemente no tempo, atualiza-se e se coloca a par das coisas novas.

Se não buscares a renovação em tua existência, estacionarás. É incontestável que a criatura que parou à margem da estrada evolutiva sofrerá as intempéries de uma jornada inacabada. Quem paralisou a própria caminhada dificultará seu crescimento espiritual.

Quem se renova assemelha-se à grandiosidade da semente na terra. "É como um grão de mostarda, que, quando é semeado na terra – sendo a menor de todas as sementes da terra – quando é semeado, cresce e torna-se maior que todas as hortaliças..."[1].

Lembra-te de que a água renovada é corrente, oriunda das chuvas, do orvalho, das nascentes, enquanto que a água estagnada é aquela que em breve, por inércia, deteriorar-se-á, tornando-se um foco de larvas e de putrefação.

---

[1] Marcos, 4:31 e 32.

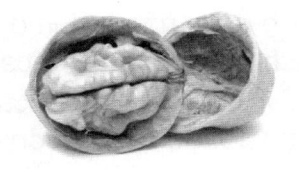

9

ANJOS

"O Senhor declara: Pondo as minhas leis nos seus corações e inscrevendo-as na sua mente".
(Hebreus, 10:16.)

Anjos são Espíritos puros, mensageiros de Deus, cujas ordens executam para a manutenção da harmonia universal[1].

É errônea a opinião dos que admitem a existência de seres criados perfeitos e superiores a todas as outras criaturas, pois eles também percorreram os graus da escala evolutiva[2].

Toda criatura de Deus carrega na consciência a lei divina[3], afirmam os Benfeitores de Luz a Allan Kardec. E da mesma maneira ***"o Senhor declara: Pondo as minhas leis nos seus corações e inscrevendo-as na sua mente".***

A expressão "consciência", utilizada pelos Mentores do Bem, tem o mesmo significado de "Espírito", visto que, se as leis divinas ou naturais estivessem unicamente na área consciencial

[1] "O Livro dos Espíritos", questão 113.
[2] "O Livro dos Espíritos", questões 128 a 130.
[3] "O Livro dos Espíritos", questão 621.

do ego, não teríamos maiores dificuldades de entendê-las ou colocá-las em prática.

Espíritos angelicais possuem a consciência plena de luminosidade e, por consequência, as leis de Deus nela contidas se revestem do mais alto grau de clareza.

Por metáfora, anjos podem ser designações das próprias leis divinas agindo para a harmonia do Cosmo.

A "consciência iluminada" é a salvação das almas, e o "Reino dos Céus" não despertará em nosso mundo interior se estivermos atrelados a padrões externos – pessoas, formas ou objetos modelados.

À proporção que caminhamos no fluxo divino, seres angelicais nos protegem e intervêm em nossa vida como instrumentos da onipresença, onisciência e onipotência do Criador.

Existe uma Determinação Universal, e ela sempre se faz presente, apesar de não a compreendermos. O desejo de Deus sempre está bem perto, dentro e, ao mesmo tempo, em volta de nós.

Os anjos assemelham-se a sóis cujos raios resplandecentes são comparados às leis celestiais que a tudo veem e proveem.

Espíritos puros emitem os clarões luminosos da compaixão, do trabalho, da humildade, da igualdade, do progresso, da fraternidade, da naturalidade, da liberdade, da justiça, do amor e da generosidade.

Nosso anjo benfeitor tem a força exata da energia do bem que existe em nós.

O escudo que nos protege contra as batalhas existenciais tem firmeza, consistência e compacidade diretamente proporcionais à qualidade de nossos atos e atitudes íntimas.

Por vezes, o apoio de Deus através dos seres angélicos é silencioso e imperceptível, mas vale lembrar que, nesse auxílio providencial, incluem-se as nossas tarefas diárias de responsabilidade e prudência. Essa parcela cabe a nós, no entanto isso não quer dizer que devemos tentar controlar o curso do destino, acreditando que a Consciência Cósmica passou por nós sem nos perceber.

Anjos estão "de guarda" ou anjos estão "descuidados", em perfeita simultaneidade de tempo e/ou espaço da própria "guarda" ou "distração" interior.

A aparência e as vestes que atribuímos às almas sublimes são perfeitamente ajustadas aos nossos valores, crenças, conceitos ou graus de religiosidade.

Dentro de cada um de nós, existe um sol (anjo) em formação, cujos feixes luminosos (leis divinas) já começam a se revelar.

Anjos são energias de luz que auxiliam as criaturas pelas mãos do Criador.

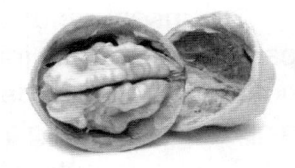

10

EXAUSTÃO

*"Por isto, eu me comprazo nas fraquezas,
nos opróbrios, nas necessidades, nas perseguições,
nas angústias por causa de Cristo. Pois quando
sou fraco, então é que sou forte".
(II Coríntios, 12:10.)*

Teu cansaço ou fraqueza é fruto de tua falta de limites. O "excesso de bagagem" que carregas e que torna tua vida mais pesada se deve à suposta necessidade de exagerado controle das coisas e das pessoas e à falsa ideia de que és superior em tudo o que fazes.

Tua ansiedade te leva a fazer ou a resolver as coisas imediatamente. O que poderias executar em um dia queres fazer em instantes.

Teu perfeccionismo impõe-te realizar tarefas impecáveis, quando poderias fazê-las com esmero, mas não com perfeição. Ao invés de viveres cada dia como uma alegre e fascinante viagem de aprendizado, tomas a vida como uma expedição cansativa e constrangedora, com metas inatingíveis. O perfeccionismo é inimigo de tua paz interior.

Tua insegurança te induz a concretizar feitos e eventos, não para tua realização interior, e sim para receberes aplausos exteriores. A necessidade de te sentires superior te traz um elevado dispêndio de energia emocional.

Tua baixa autoestima te leva aos píncaros do exagero em produzir cada vez mais. Por sentires menos que os outros, tendes a compensar tua autodesconsideração tentando fazer diversas coisas ao mesmo tempo. A preocupação com o julgamento dos outros te faz "tropeçar" nas estradas da vida.

Tua exaustão não é produto de teu trabalho no bem, nem perda energética na doação de forças ao edifício do Cristo, mas produto do teu "ego onipotente", que acredita que tudo pode, tudo faz e tudo deve ver.

No labor cristão, felizmente, o esforço e o desgaste são restaurados, a criatura se alimenta energeticamente. Entra em contato com seus potenciais internos e, a partir daí, sente os prazeres da alma. A respeito disso escreve Paulo de Tarso: *"Por isto, eu me comprazo nas fraquezas, nos opróbrios, nas necessidades, nas perseguições, nas angústias por causa de Cristo. Pois quando sou fraco, então é que sou forte"*.

Portanto, tem calma. Calma não é lentidão ou desleixo. É, antes de tudo, conquista de quem aprendeu que o Criador sempre faz a sua parte, esperando que a criatura, igualmente, faça a sua. Lembra-te de que a tua parte é uma pequena parcela que deve ser retirada de tuas forças e utilizada de conformidade com teus limites, ou seja, proporcionalmente a tuas conquistas e possibilidades.

11

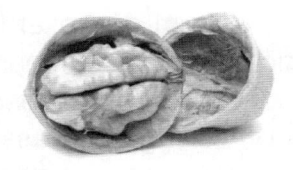

RIQUEZA DA VIDA INTERIOR

*"E assim podermos servir em novidade de espírito
e não na caducidade da letra".*
(Romanos, 7:6.)

O Cosmo pode ser comparado a um incomensurável arquivo vivo que guarda inúmeras coleções de obras-primas.

Cada texto escrito representa as diversas experiências que tivemos nas múltiplas encarnações ao longo do tempo. Cada um de nós é o somatório desses mesmos textos, compilados num único livro.

Em virtude disso, podemos encontrar "anotações sagradas" nas entrelinhas da própria alma. A divindade colocou um selo cunhado no Espírito, mas apenas quem o vê descobre sua filiação celeste.

Cada um de nós é uma "obra-prima" de Deus, única e com características peculiares.

Como somos todos "livros diferentes", o sucesso de uma vida plena é ler-nos e, a partir daí, expressarmo-nos perante o mundo usando nossa originalidade.

Quem não exercita a leitura de si mesmo provavelmente ficará retido na capa e distanciado do seu conteúdo.

É necessário pesquisar o "índice interno": lista alfabética de nomes, lugares e assuntos, que nos permite localizar a "página íntima", onde os nossos temas podem ser encontrados, para não ficarmos presos à "capa-revestimento".

Só nos pertence realmente aquilo que interpretamos. Apenas retemos aquilo que tenha vindo de nossas experiências, análises e inspirações.

Se não soubermos ler a nós mesmos, dificilmente aprenderemos a escolher bons livros. Só vence a alucinação da capa quem mergulha nas profundezas do conteúdo da vida interior.

Há um excessivo número de livros que apenas distraem a mente. Quantas vezes adquirimos obras iludidos pela aparência externa! Capas multicoloridas, títulos extravagantes, que camuflam romances simplistas, histórias infantis sem valor pedagógico, dramas sensacionalistas. Há ocasiões em que temos o disparate de comprá-las sem ao menos consultar o sumário.

A capa pode ficar amassada e envelhecida, a página pode ser despedaçada e separada do livro, todavia nenhuma criatura amassa, tritura, rasga ou aparta ideias, sentimentos e emoções que uma alma interpretou e guardou em seu âmago.

A mente entretida bloqueia a fonte sapiencial e polui a via de acesso pela qual escolhemos "livros externos" através do conteúdo de nosso "texto interno".

Portanto, quando desenvolvemos a habilidade de "fazer a mente silenciar", penetramos na essência das coisas e, como resultado, passamos a escolher os livros que nos levem a maiores reflexões e, ao mesmo tempo, a tomar posse da "biblioteca viva" que existe dentro de nós.

- Ler para compreender o mundo interior.
- Ler para assimilar com profundeza os sentimentos.
- Ler para observar o funcionamento da mente.
- Ler para atingir o cerne da própria alma.
- Não ler só para ficar na superfície romanceada.
- Não ler para considerar apenas uma face ou um aspecto dos fatos.

• Não ler somente para divagar em histórias fantasiosas e repetitivas.

• Não ler para unicamente abstrair-se das dificuldades, mas para resolvê-las.

Paulo de Tarso, o grande divulgador do Cristianismo, escreve aos romanos: *"servir em novidade de espírito e não na caducidade da letra"*.

Concluímos, ajustando o texto paulino ao nosso entendimento: não possui validade por si só o que está escrito "ao pé da letra", mas o "espírito" da ideia, a intenção real do que está no texto.

A *"novidade de espírito"* quer dizer: é necessário decifrar o novo – que não se manifesta claramente e que está além do literal –, do contrário a leitura passa a ser uma distração banal, e não um meio de despertar os valores inatos da alma.

A *"caducidade da letra"* significa que o que está escrito pode ser considerado caduco, sem validade, ou se tornar indevido, se não for descoberto o sentido implícito ou subentendido da escrita.

"A letra mata, mas o Espírito comunica a vida"[1] faz-nos entender que o que se lê não tem significação ou valor se não houver preocupação de interpretar o que é simbólico.

Escolhem-se "obras externas" por meio do "livro interno". Nosso sistema de pensamento cognitivo e os demais processos espirituais estão ligados à nossa "enciclopédia sagrada".

Os recursos de que necessitamos para bem viver não estão na exterioridade; estão dentro de nós, visto que cada ser humano é um "livro transcendental" repleto de conhecimentos imortais.

---

[1] II Coríntios, 3:6.

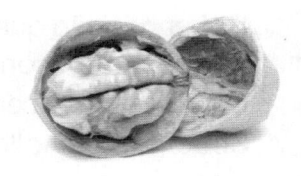

12

SOFRIMENTO

*"Com entendimento entenebrecido, alienados
da vida de Deus pela sua ignorância e pela
dureza dos seus corações".
(Efésios, 4:18.)*

Sofre o enfermo a privação na enfermaria comunitária.

Sofre o empresário bem-sucedido no apartamento hospitalar.

Sofre o necessitado, na favela, a escassez.

Sofre o rico, no palacete, a solidão.

Sofre a criatura anônima as dores morais.

Sofre o artista famoso os conflitos afetivos.

Sofre o destituído de autoridade, sem significado político.

Sofre o administrador dos negócios públicos os dramas e tramas do poder.

Sofre a mãe paupérrima, assim como a mãe milionária, a perda do ente querido.

São sofrimentos decorrentes das contingências da estadia terrena, produto da atual necessidade evolutiva da condição humana. Mas a análise da dor pode ser vista sob outros ângulos:

Sofrer por não querer assimilar novas experiências e ideias, fixando-se em preconceitos.

Sofrer por não aceitar a própria estrutura da natureza humana.

Sofrer por ser inflexível e rígido nos conceitos íntimos, permanecendo estagnado.

Sofrer por não digerir a mensagem eloquente da voz interior.

Sofrer por refutar o amor incondicional, preferindo o apego doentio.

Sofrer por assimilar o conflito como parte de si, e não como circunstância passageira.

Eu não sou sofredor. Eu estou sofredor.

Ser e estar são angulações diferenciadas que influenciam sobremaneira o psiquismo na estrutura da alma em evolução.

Sofrer é, portanto, um sintoma que indica que a causa sou eu mesmo, por isso devo renovar-me. A razão primeira é a inflexibilidade, ou seja, a *"dureza dos seus corações"*.

Sofrer, em última análise, é desarranjo íntimo, consequência de nossa inadequação, inconformação, inexperiência; enfim, falta de entendimento diante da vida.

Renovar é a meta. Você é o arquiteto de seu destino.

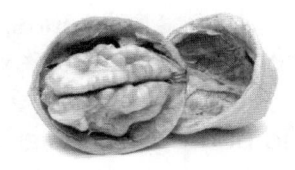

13

SIMPLICIDADE

"Na futilidade dos seus pensamentos,
com entendimento entenebrecido, alienados
da vida de Deus pela sua ignorância e pela
dureza dos seus corações".
(Efésios, 4:17 e 18.)

A vida de muitas criaturas, além de desvitalizada, é circunstanciada por miudezas dispensáveis, desperdiçada com detalhes desnecessários. A simplicidade traria enormes benefícios para elas, tirando-as do cativeiro dos valores estabelecidos pelas convenções arbitrárias, clareando-lhes a visão e trazendo-lhes mais leveza e tranquilidade existencial.

Acumular informação sem pensar, se atopetar de pertences, entulhar roupas e abarrotar a casa de coisas supérfluas é uma característica muito difundida na sociedade moderna.

À medida que novos elementos se somam aos bens físicos e intelectuais já adquiridos, passamos a alimentar a compulsão de armazenar ainda mais coisas, levando-nos a agir em função de uma suposta vantagem imediata, sem analisar as utilidades e consequências futuras dessa prática.

Muitos indivíduos, equivocadamente, associam simplicidade com pobreza, mas existe uma diferença fundamental.

A simplicidade é uma opção de vida tanto do rico como do pobre, enquanto que a pobreza é, por si só, a privação de valores morais, intelectuais e espirituais de um indivíduo, e não necessariamente, a falta de recursos materiais para a sua subsistência.

Quando nos livramos de tudo que é inútil e secundário, passamos a tomar consciência do que verdadeiramente temos e do que precisamos. Abrir mão dos trastes, de informações desnecessárias e de objetos em desuso exercita o desapego e facilita-nos a libertação dos ecos do passado. A partir disso, somam-se novas concepções, e as velhas mágoas, as culpas, os ressentimentos, os conflitos se dissipam, habilitando-nos a viver plenamente o momento presente.

Os homens simples se comunicam com sabedoria e humildade, enquanto que os complicados falam com presunção e pedantismo, são enfadonhos e prolixos, por que estão repletos de ideias ultrapassadas; contam e recontam seus discursos e mesmo assim parecem não dizer nada.

A simplicidade de alma induz o indivíduo a se expressar com clareza, segurança e objetividade. Capazes de elaborar ideias de forma lógica, coerente e harmoniosa, tais pessoas resumem tudo o que querem dizer por meio de expressões sintéticas.

Quem se apartou da simplicidade vive *"na futilidade dos seus pensamentos, com entendimento entenebrecido, alienados da vida de Deus pela sua ignorância"*, por isso coleciona coisas neuroticamente, acreditando numa ilusória segurança, mas esquecendo que não pode encontrá-la fora de si mesmo, muito menos por trás de um amontoado de conceitos, informações, acessórios e pertences sem serventia.

Buda (Sidarta Gautama) ensinava: "Se você não conseguir em si mesmo, onde irá buscar?"

Muita coisa no mundo da erudição é tida como formação cultural, quando, na verdade, nada mais é do que entulho intelectual.

Aquele que ignora seu "nível de necessidade" legítimo, determinado por sua realidade profunda, vive sobrecarregado pelo peso da repressão sociocultural, distancia-se da simplicidade e perde a própria identidade.

Muitas vezes, nossas agendas internas se abarrotam e entram em colapso com nossos ritmos interiores. Sentimo-nos exauridos porque estamos fora de sintonia com a simplicidade. Abrir mão de posses desnecessárias é ir ao encontro de uma vida pacífica e harmoniosa.

Com o propósito de despertar em nós o Reino dos Céus, Jesus Cristo contou a parábola do joio e do trigo: "A boa semente são os filhos do Reino. O joio são os filhos do Maligno. O inimigo que o semeou é o Diabo"[1].

"Os filhos do Reino" são todos aqueles que estão ligados, não *alienados da vida de Deus*. Os "filhos do Maligno" representam os que estão *com entendimento entenebrecido, alienados da vida de Deus*; são o "joio", quer dizer, o Diabo – do grego *diábolos* –, que significa literalmente "o que separa", "o que desune".

O "joio" pode ser o entrave que nos está impedindo de viver e pensar por nós mesmos em termos gerais e críticos; de dirigir nossa conduta conforme julgarmos correta; de ser independentes para definirmos o que é o bem e o mal, sem seguir fórmulas sociais; de deixar de ser escravos das crenças inadequadas que absorvemos nas múltiplas e sucessivas encarnações, de modo inconsciente ou não.

Muitas criaturas se abarrotam impensadamente das instruções obtidas nos jornais, na televisão, nas salas de aula, nos livros, como sendo verdades absolutas. Essas informações podem muito nos ajudar, desde que não as elejamos como a verdade. A verdade não está na conceituação das palavras ou textos que lemos, mas nas experiências que podemos ter com ela, e a partir dela.

As vozes inspirativas da alma são providas de síntese e simplicidade, que a Vida Providencial murmura em nossa intimidade.

---

[1] Mateus, 13:38 e 39.

A simplicidade consiste em não ficar distante do que é natural e espontâneo, uma vez que aqueles que se afastam dela ficam *"com entendimento entenebrecido"* e *"alienados da vida de Deus"*.

14

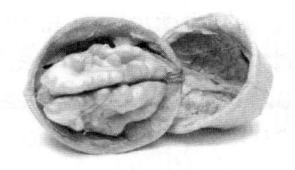

COMPROMISSO VERDADEIRO

"Deixai-os. São cegos conduzindo cegos!
Ora, se um cego conduz outro cego, ambos
acabarão caindo num buraco".
(Mateus, 15:14.)

Nosso mais urgente compromisso é com a nossa harmonia interior – paz de espírito.

A única forma que temos para auxiliar alguém, de modo efetivo e apropriado, é mantermos equilíbrio no ato da ajuda, ou seja, estabilidade mental, emocional e espiritual.

A crença inadequada chamada "amor salvacionista" e o impulso desmedido de querer resolver desesperadamente os problemas alheios são o início da nossa perda de equilíbrio. Antes de auxiliar os outros, precisamos primeiro aprender a tomar conta de nós.

Se estamos com o coração e a mente sobrecarregados, somos ineficazes para prestar uma real assistência. Sem serenidade de alma, somos míopes espirituais: *"Ora, se um cego conduz outro cego, ambos acabarão caindo num buraco".*

A cegueira íntima não nos permite ver com clareza os limites da verdadeira ajuda. Muitas vezes, invadimos a individualidade alheia, impedindo que as criaturas façam suas próprias escolhas, esquecidos de que a decisão delas diante das dificuldades é proporcional ao seu grau de compreensão.

Ninguém deve escolher ou decidir por ninguém.

Por desconhecermos o caminho de aprendizado que Deus reservou para cada um, é que subestimamos a capacidade dos outros de solucionar as suas dificuldades. Devemos respeitar a alteridade – que faz parte da diversidade natural da condição humana – não apenas em nós, mas neles também.

Nas práticas do bem comum, o mais importante não é curar, e sim ensinar o doente a conviver com a enfermidade até a sua autocura.

Convém repetir: nosso verdadeiro compromisso é com nossa serenidade íntima. A partir dela, será possível ver tudo com nitidez e realizar com moderação.

A paz de espírito nos leva à virtude de "permanecer na medida exata", proporcionando-nos uma coletânea de ideias e pensamentos que nos facilita encontrar soluções harmoniosas para os conflitos interiores e, por consequência, para os exteriores.

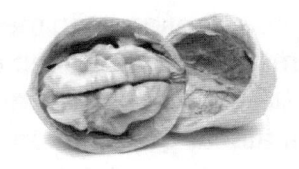

15

MEDO

"Depois disto, que nos resta a dizer?
Se Deus está conosco, quem estará contra nós?"
(Romanos, 8:31.)

O medo pode ser definido como um estado psíquico de inquietação constante, agitação ou impaciência diante de um perigo real ou imaginário.

O medo racional é saudável e necessário em nossa vida. Ele nos protege de nossa impulsividade e de nossos atos irrefletidos.

No entanto, quando o medo é patológico, torna-se destrutivo e tem como resultado a imobilidade de nossas forças mais íntimas.

Eis alguns sintomas emocionais de temores que nos complicam a existência:

• Agitação mental – incapacidade de relaxar e silenciar internamente, sendo preciso reler a mesma página diversas vezes.

• Pessimismo e insegurança – hesitação pertinaz em face não só das grandes como também das pequenas decisões existenciais.

• Dissociação mental – esquecimento constante das coisas mais naturais e simples do cotidiano.

• Agressividade exagerada – irritação contínua com tendência a atacar gratuitamente os outros com ofensas e insultos.

• Vulnerabilidade – sensação frequente de melancolia, com choro fácil e atmosfera de perseguição contumaz.

• Comportamento compulsivo – uso de atos ritualísticos propensos ao perfeccionismo; início de várias atividades ao mesmo tempo, sem término de nenhuma.

• Aura de fracasso – desculpa por qualquer coisa e sentimento de humilhação constante na frente dos outros.

• Falta de motivação – crises de perda de interesse pela vida; sensação de desânimo.

• Mente exaurida – isolação da vida social. A criatura só executa o que é estritamente necessário para a sua manutenção diária.

Não podemos afirmar que todos esses sintomas estão relacionados apenas com o medo, mas, quando algum deles ocorrer, é necessário estarmos alerta, pois o medo pode estar servindo de base às nossas emoções e atitudes perante a vida.

No Espiritismo, encontramos as ferramentas essenciais e as técnicas sensatas para utilizar o medo na proporção certa e apropriada diante de cada fato ou acontecimento que tivermos de enfrentar.

O temor pode ser um ácido que venha consumir desnecessariamente nossas energias vitais. Entretanto, não podemos esquecer que *"Se Deus está conosco, quem estará contra nós?"*.

16

MULTIDÃO DE PECADOS

"Acima de tudo, cultivai, com todo o ardor, o amor mútuo, porque o amor cobre uma multidão de pecados".
(I Pedro, 4:8.)

As palavras de Pedro sobre os ensinos de Jesus – *"Acima de tudo, cultivai, com todo o ardor, o amor mútuo, porque o amor cobre uma multidão de pecados"* – levam-nos a profundas reflexões a respeito do amor e do sofrimento.

Sofrer por sofrer não significa crescimento e evolução, visto que a única função da dor em nossa existência é despertar-nos para o amor – capacidade inerente a todo ser humano; por isso *"o amor cobre uma multidão de pecados"*.

Dificuldades ou pesares são desafios para que aprendamos a tomar decisões e a encontrar soluções, tornando-nos em consequência fortes e seguros.

O que chamamos de problemas na Terra são simplesmente lições não aprendidas, isto é, tarefas que precisamos repetir porque ainda não conseguimos internalizá-las.

Quaisquer que sejam os fatos ou situações que vivenciamos, são eles recados da vida para nosso crescimento interior. O "mal aparente" é um "bem irrevelado", não entendido, em função de nossa miopia espiritual.

Não devemos culpar o mundo ou as pessoas, nem mesmo nos justificar inventando desculpas para nossas dores. Na verdade, diante de toda e qualquer aflição, precisamos utilizar discernimento, avaliar a situação e, a partir disso, transformá-la em aprendizagem.

Sofrimento é o resultado de atos e atitudes alicerçados em concepções precipitadas ou equivocadas que adquirimos nesta ou em outras vidas e que continuamos a perpetuar, de modo consciente ou não, em nosso cotidiano.

Se sofrermos sem tomar consciência das verdadeiras raízes que geram o tormento, ficaremos presos num ciclo perverso e destrutivo. Ao percebermos o porquê de nossas dores, nos sentiremos mais despertos e equilibrados, passando a usufruir a alegria de "reconhecer o que precisamos mudar em nós mesmos".

Perante a amargura devemos indagar:

• Que mensagem oculta a vida está me enviando através da dor?

• Quais são os atos ou atitudes que me levam a esses acontecimentos negativos?

• Como transformar esses fardos em crescimento interior?

A Sabedoria Perfeita não nos cobra nem nos pune; quer apenas que aprendamos a amar. Ela nos exercita, habilita e instrui para o amor. Para crescer não precisamos fazer culto ao sofrimento, mas ficar atentos às crenças, comportamentos e valores que nos trazem alegria e bem-estar, ou infelicidade e desgosto.

Os fatos e acontecimentos por si sós não nos criam felicidade ou desprazer. A questão está na nossa forma de ver ou no modo como reagimos a eles. As circunstâncias que vivemos no dia a dia são resultado da forma de desejar, estimar, esperar, amar, acreditar, respeitar, agir, pensar; enfim, os valores que fazem parte de nossa mentalidade.

Somente seremos felizes quando conseguirmos entender a nossa primordial missão terrena: fomos criados para amar e ser amados. Pode ser que, em muitas ocasiões, não possamos escolher as situações e ocorrências externas de nossa vida, mas com certeza sempre poderemos optar pela única maneira sensata de enfrentá-las – com amor.

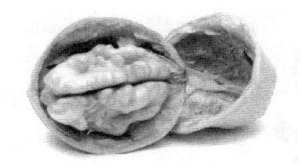

17

PAIS

" 'Quem é minha mãe e quem são meus irmãos?'
E apontando para os discípulos com a mão, disse:
'Aqui estão a minha mãe e os meus irmãos, porque
aquele que fizer a vontade de meu Pai que está nos
Céus, esse é meu irmão, irmã e mãe' ".
(Mateus, 12:48 a 50.)

Criou-se em torno da função dos pais tantas expectativas e paradigmas, que eles deixaram de ser simplesmente homens e mulheres e passaram a ser criaturas idealizadas.

Há uma grande diferença entre "ser pessoa" e "ser função". Aliás, "ser" é verdadeiro e concreto, enquanto que "função" é passageira e temporal.

Obviamente que quem é mãe ou pai biológico sempre o será; no entanto, sua função termina com o desenvolvimento e a maturidade dos filhos. Todavia, há adultos que, consciente ou inconscientemente, para não perderem jamais o seu papel social de dominador, educador e protetor, preferem ver os filhos, embora crescidos, infantilizados.

No reino animal, vemos claramente o casal estimular os filhotes a ser independentes, ajudando-os a assumir a própria vida. Aves marinhas, que fazem ninhos em altíssimos rochedos, quando percebem que suas crias estão aptas a voar, empurram-nas com o bico, lançando-as das alturas, sem a preocupação de que vão voar ou não, pois confiam nos instintos criados pela Natureza.

Não nos esqueçamos de que também somos Natureza, porquanto temos forças instintivas que não podemos subestimar.

Há técnicas impulsivas e automáticas em todos os seres humanos, utilizadas inconscientemente pelas crianças para se libertarem do domínio dos adultos, técnicas essas que as levam a "humanização dos pais". Consistem em reelaborar e transformar crenças incutidas na infância relativas aos atributos supostamente divinos ou à idolatria dos pais.

De repente, os adultos começam a ser vistos não mais como deuses, e sim como criaturas comuns. Deixam de ser perfeitos e puros e passam a ser observados em suas fraquezas, erros, injustiças, sexualidade, desacertos e outras tantas características humanas.

Essa "humanização", muitas vezes, não é bem recebida pelo casal. Eles se veem inseguros, desprestigiados, receando perder a afeição, obediência e respeito das crianças.

Os pais imaturos e despreparados são os que mais rejeitam e hostilizam as iniciativas de autonomia dos filhos. Prendem as crianças ao seu redor, sentindo-se frágeis e incapacitados, por acreditarem que elas ao se libertarem da dependência, deixarão de amá-los e considerá-los.

Muitos desses pais só aprenderam a perpetuar a função paterna e/ou materna. Por isso, têm tanto medo de perder a única finalidade de sua existência.

Antes de a criatura "estar família", ela é um "ser imortal" em evolução. Entretanto, no ambiente doméstico, não podemos esquecer jamais a nossa condição humana, para que não nos percamos entre ilusões e fantasias de seres idealizados como perfeitos, intocáveis e superiores.

"Ser" qualifica-se como: possuir presença e existência real; "estar", ao contrário, entende-se como: encontrar-se provisoriamente em determinada situação, lugar e momento.

Em vista disso, podemos compreender perfeitamente o significado das palavras de Jesus Cristo: *"porque aquele que fizer a vontade de meu Pai que está nos Céus, esse é meu irmão, irmã e mãe".*

Portanto, os verbos "ser" e "estar" deverão fazer parte de nossas constantes indagações, para que possamos nos identificar ou desidentificar com pessoas, posições, lugares e situações, promovendo assim o exercício benéfico do desapego e da individualização.

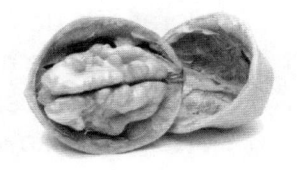

18

MÁGOAS

"Irai-vos, mas não pequeis:
não se ponha o sol sobre a vossa ira".
(Efésios, 4:26.)

Alguém nos desprezou profundamente. Lançou sobre nossa alma o punhal da ironia. Julgou-nos impiedosamente, afirmando que o fracasso era destino fatal em nossa vida.

Olhou-nos com desdém e, com leve sorriso sarcástico, deu-nos as costas como se não tivéssemos nenhuma importância.

Nesse momento, nosso peito se inflamou pela dor do descaso, o coração ardeu envolvido numa estranha aura de desamparo.

* * *

A mágoa pode surgir por muitos motivos, entre os quais por:
- rompimento afetivo;
- maledicência sobre a vida sexual de alguém;
- preconceito determinado por idade e trabalho;

- ingratidão dos filhos;
- abandono de amizades queridas;
- traição amorosa;
- discriminação social;
- exclusão motivada por raça, cor e credo religioso.

Aliás, ninguém consegue viver sem nunca se magoar com alguém ou com certas ocorrências.

Na realidade, a mágoa é uma das muitas emoções humanas. Só não se emocionam os corpos inanimados, visto que as emoções nas criaturas vivas revelam a importância que elas dão a si mesmas, aos outros e aos acontecimentos. Se nada nos importasse, nunca teríamos mágoa, mas isso é impossível – a "importância" que damos a tudo que existe mede o grau de sentimento que possuímos por algo ou por alguém.

Aconselhar uma pessoa ofendida a imediatamente esquecer, não se magoando com a ofensa, seria o mesmo que pedir-lhe que agisse como se a agressão nunca tivesse acontecido.

Pode ser uma ideia equivocada a de "nunca se magoar e sempre esquecer", pois a não-aceitação de uma emoção real resulta no seu deslocamento para coisas fora do mundo interior – o fato desagradável fica focalizado no exterior, e a verdadeira causa da emoção permanece no escuro. Essa postura comportamental recebe o nome de ocultação dos sentimentos ou repressão.

Conseguiremos trabalhar melhor nossas mágoas não as reprimindo nem as intensificando, e sim desprendendo-nos, desligando-nos, ou melhor, colocando-nos a certa "distância mental/emocional" dos fatos ocorridos e das pessoas que neles se envolveram.

No entanto, isso não significa que devemos nos afastar hostil e friamente, viver alienados e impermeáveis aos problemas ou deixar de nos importar com tudo o que aconteceu, mas que podemos viver mais tranquilos e menos transtornados para analisar e, por consequência, concluir que as situações e os acontecimentos que nos cercam são reflexos ou criações materializadas dos nossos pensamentos e convicções.

Acreditamos que, ao fazer o proposto "distanciamento psicológico", teremos sempre mais possibilidades para perceber o processo interno que há por trás de toda mágoa. As palavras de Paulo de Tarso aos efésios validam essa ideia: *"Irai-vos, mas não pequeis: não se ponha o sol sobre a vossa ira"*.

"Irai-vos, mas não pequeis" quer dizer: admita a mágoa, não viva com emoções recalcadas, porque quem assim vive transita cotidianamente em constante irritabilidade, sem saber de onde veio, para onde vai e quanto tempo vai ficar.

"Pôr o sol sobre a vossa ira" significa não intensificar, não reavivar fatos doloridos, não transportá-los do passado para o presente.

Não se magoar é impossível, mas perpetuar ou ignorar o fato desagradável pode ser comparado ao comportamento do escorpião que, quando enraivecido, inocula veneno em si mesmo com o próprio ferrão.

Perdoar não significa apenas esquecer as mágoas ou mesmo fechar os olhos para as ofensas alheias. Perdoar é desenvolver um sentimento profundo de compreensão e aceitação dos sentimentos humanos, por saber que nós e os outros ainda estamos distantes do agir corretamente.

19

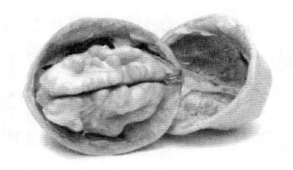

O ASPECTO MUTANTE DOS JULGAMENTOS

"Por isso és inescusável, ó homem, quem quer que sejas, que te arvoras em juiz. Porque, julgando a outrem, condenas a ti mesmo".
(Romanos, 2:1.)

Em todo comportamento humano existe uma lógica, uma maneira particular de vivenciar e entender a verdade; portanto, julgar, medir e sentenciar os outros, não se levando em conta sua realidade existencial, é não ter bom senso crítico, flexibilidade e imparcialidade.

O que julgamos ser evidente e incontestável, na maioria das vezes não expressa a realidade.

O que julgamos ser verdade, na maioria das vezes é imaginação ou devaneio.

O que julgamos ser eterno e imutável, na maioria das vezes não passa de hoje.

O que julgamos ser errado agora, na maioria das vezes será integralmente reavaliado amanhã.

O que julgamos ser breve e superficial, na maioria das vezes possui longa duração.

Quando julgamos ou avaliamos, quase sempre o fazemos com nossos sentidos estreitos e visão diminuta, sem conhecer toda a extensão dos fatos, uma vez que nos faltam elementos satisfatórios para discernir tudo aquilo que é real e eterno nas coisas impermanentes – o que desabrocha e fenece num período curto de tempo. Portanto, quase sempre erramos quando julgamos ou sentenciamos algo ou alguém.

"Por isso és inescusável, ó homem, quem quer que sejas, que te arvoras em juiz. Porque, julgando a outrem, condenas a ti mesmo".

É preciso avaliar os aspectos mutantes de nossos julgamentos.

20

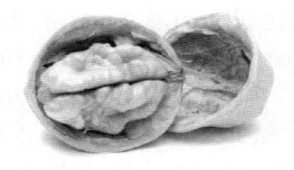

JUSTIFICANDO DESACERTOS

"Não saia dos vossos lábios nenhuma palavra inconveniente, mas, na hora oportuna, a que for boa para edificação, que comunique graça aos que a ouvirem".
(Efésios, 4:29.)

Paulo de Tarso agiu com absoluta justeza quando aconselhou seus companheiros de Éfeso: *"Não saia dos vossos lábios nenhuma palavra inconveniente"*. As palavras possuem um caráter sagrado. Há muitas criaturas que as utilizam modificando-lhes o verdadeiro sentido e alterando-lhes os traços essenciais. Nossas expressões apresentam qualidade superior quando precedem conceitos, ideias e planos sublimes da vida.

Todavia, *"na hora oportuna, a que for boa para edificação, que comunique graça aos que a ouvirem"*. Em nossas conversações podemos manifestar as mais altas aspirações de religiosidade; portanto, devemos nos servir dela utilizando o verbo que edifica e esclarece todos em nossa volta.

Tudo que não se entende, tudo que não se quer admitir, tudo

aquilo que se quer negar, é justificado, de modo repetitivo, por meio de um antigo chavão: "É a vontade de Deus!".

Em outras palavras, reiteramos constantemente essa frase estereotipada que, por ser usada de forma maquinal e indiscriminada, perde totalmente seu valor de expressão, tornando-se vã. Por sinal, este é um dos mandamentos das antigas escrituras: "Não pronunciarás em vão o nome de teu Deus"[1].

Utilizamo-la para não assumir compromissos de mudança e, igualmente, como álibis filosóficos, evasivas cármicas ou auto-absolvição quando não queremos ser responsabilizados por atos e atitudes.

A expressão "É a vontade de Deus!" quase sempre é empregada para abonar nossos disparates, para dar explicações capengas para os nossos comportamentos inadequados ou para validar decisões equivocadas e precipitadas.

Essa frase feita é uma "salvação auspiciosa" que supostamente tudo cura: "Foi Deus que quis assim!". E nós nos perguntamos: "Foi mesmo?".

Todos temos tendência para fugir da realidade, desviando a mente para outros entretenimentos. O escapismo vige em nossos meios sociais e religiosos.

Ignoramos as relações dos seres vivos entre si ou com os meios orgânico e inorgânico com os quais interagem; por isso destruímos matas e florestas, poluímos as águas do Planeta, contaminamos a atmosfera com gases letais.

E, como consequência, grandes calamidades acontecem: secas horríveis, estiagens, ventanias devastadoras, ciclones destruidores, excesso de chuvas, subidas de maré, desabamentos causados por grandes enchentes. E depois repetimos tranquilos e inconscientes: "Não temos nada a ver com isso; é a vontade de Deus", ou mesmo, "Tudo isso faz parte deste mundo de provas e expiações".

Não somos moralizados, somos moralistas. Nossa concepção de moral é separada da singularidade dos indivíduos, ignora a distinção e a complexidade de cada ocasião e é baseada em preceitos tradicionais e preconceituosos.

[1] Êxodo, 20:7.

A verdadeira ética considera as diferenças e as mudanças contínuas dos seres, e não se fecha numa visão unilateral; legitima, acima de tudo, o bem comum e os valores universais. Por estarmos distanciados da ética, não conseguimos avaliar com justiça e honestidade o que acontece ao nosso redor.

No entanto, quando indivíduos agem desonestamente, em benefício próprio ou de outrem, espoliando instituições e pessoas humildes, lesando o patrimônio público e privado, ficamos surpresos e perplexos e declaramos: "A lei divina os fará resgatar individual ou coletivamente". Também nessa frase está implícita a vã utilização do nome de Deus.

Somos incapazes de tomar decisões sozinhos, o que nos leva a transferir nossas responsabilidades a um parceiro afetivo ou a outros familiares. Manipulamos as pessoas, fazemos complôs ou tramas secretas, superprotegemos filhos, mimando-os, e vivemos dependurados em relacionamentos passionais.

Em decorrência disso, podemos sofrer sérios desarranjos emocionais e/ou psicológicos, bem como lançar mão das mais diversas viciações como forma de compensar a pressão do desequilíbrio interno. No entanto, quando isso ocorre, tratamos o problema como se não tivéssemos absolutamente nada a ver com ele. Alegamos: "É a lei divina agindo, são cobranças do passado delituoso, atraindo obsessores e outros Espíritos infelizes". Isso para não dizer: "É a vontade de Deus!".

Escolhemos nos consorciar precipitadamente ou agimos impensadamente quando firmamos um vínculo conjugal. No amor romântico, formamos ideias, imagens e devaneios, servindo-nos de descrições fantasiosas e sonhadoras, e, quando elegemos alguém como par, dizemos: "Encontrei minha alma gêmea".

Depois de algum tempo (meses ou anos) de relacionamento diário, quando cessa a fase do doce encanto e aparecem as arestas e os desencontros, logo invalidamos a primeira afirmativa: "Não era não minha metade eterna, mas um 'débito do passado' ".

Quando declaramos que o parceiro afetivo é "alma gêmea",

pressupomos ser uma indicação da vontade de Deus, mas, quando afirmamos que a relação conjugal é "débito do passado", julgamos ser uma imposição da vontade de Deus.

Assim, tudo fica fora do nosso âmbito de ação e continuamos desconsiderando nossa capacidade de agir e decidir, não admitindo nenhuma responsabilidade sobre nossas escolhas. A responsabilidade por pensar, optar e determinar não é um processo automático.

Não somos marionetes movidas por meio de cordéis e manuseadas ocultamente por forças misteriosas e fora de nosso alcance. Estamos sempre escolhendo onde, como e com quem viver.

Precisamos lembrar que livre-arbítrio significa capacidade de pensar e agir. Vontade é sinônimo de arbítrio – um poder de ação essencial em nossa vida.

Somos insensatos se não assumimos responsabilidade pela própria vida. Aceitar nossos erros é sinal de amadurecimento interior; negá-los, ou justificá-los ilusoriamente como "vontade de Deus", é infantilidade espiritual.

"Não saia dos vossos lábios nenhuma palavra inconveniente". Frases e expressões podem preceder concepções e ideias que nos permitem entender ou distorcer a realidade.

21

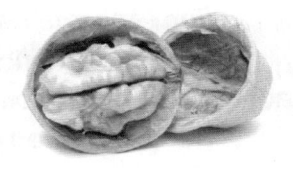

O RETRATO DO PERFECCIONISTA

"Cada um dê como dispôs em seu coração,
sem pena nem constrangimento, pois Deus
ama a quem dá com alegria".
(II Coríntios, 9:7.)

Por metáfora, poderíamos dizer que o retrato do perfeccionista reúne e combina determinados traços psicológicos e sinais particulares, com ênfase no seu jeito de pensar e agir diante do mundo em que vive.

A moldura dessa tela mental junta elementos básicos da índole do indivíduo que possui a tendência de obstinar-se em fazer as coisas com absoluta perfeição.

A matéria-prima do perfeccionista é constituída das seguintes posturas, ideias e atitudes:

• Estrutura e organiza seu dia a dia como se fosse uma estante de livros.

• Trabalha sem interrupção. O trabalho é seu lazer preferido.

• Tem pavor de cometer erros. Vive em constante intimidação por recear não atingir o êxito em seu mais alto grau.

- Tem enorme necessidade de aplauso, elogio, estima.
- Mostra inferioridade em relação aos outros, mas, no fundo, acredita ser superior.
- Desculpa-se ou justifica-se insistentemente pelos seus erros.
- Espera em demasia a consideração alheia.
- Supõe estar sempre com a razão.
- Dramatiza problemas e conflitos.
- Resiste às ideias e conceitos novos.
- Julga ser a única criatura apta para realizar as coisas corretamente.
- Tem dificuldade em relaxar. Está sempre preso a obrigações.
- Tem obstinação pela ordem.
- Rotula tudo o que existe em extremos opostos – certo e errado, moral e imoral, tudo ou nada.
- Tem compulsão pela limpeza.
- Vivencia o mundo das culpas. Sua conduta é quase toda baseada em regras e normas sociais.

Quem busca a perfeição, neste mundo de provas e expiações, esquece-se de viver e não consegue perceber a alegria imanente na própria existência humana.

"Deus ama a quem dá com alegria", e não a quem dá com perfeição. Ninguém nos exige nada, a não ser a própria exigência. Ninguém nos julga nem nos condena com tanta severidade como nós mesmos, muitas vezes, o fazemos.

A dor da alma não se encontra no *passado* – onde estivemos; nem no *futuro* – para onde iremos. A dor da alma se encontra no *presente* – onde estamos.

22

A REDE DA VIDA

"Pois nele aprouve a Deus fazer habitar toda a Plenitude e reconciliar por ele e para ele todos os seres, os da terra e os dos céus".
(Colossenses, 1:19 e 20.)

Um relógio de corda constitui um sistema integrado por um conjunto de peças. A remoção de qualquer uma dessas peças pode ocasionar desequilíbrio ou paralisação.

Assim também, nós fazemos parte de um sistema integrado – nós, os outros e o Universo, ou seja, as criaturas e as criações representam parcelas de um todo.

Tudo está integrado em tudo: as águas necessitam das plantas e vice-versa; os animais, das florestas; e a criatura humana se agrega a esse elo ecológico, não de forma essencial, mas como fração integradora. Quando morrem rios e lagos, também morremos um pouco. Quando se destrói uma floresta, destrói-se igualmente uma parte de nós.

Ao estudarmos ecologia, verificamos que os ecossistemas – sistemas que abrangem os seres vivos e os ambientes, com suas propriedades químico-físicas e suas trocas incessantes – nos falam da interdependência em que vivemos (tudo o que existe está ligado entre si por recíproca dependência). Por analogia, podemos dizer que, espiritualmente, todos nós estamos unidos em uma "rede divina", ou plano celeste, cujas finalidades transcendem momentaneamente a compreensão humana.

Somos como um relógio de cordas, integramos essa maravilhosa engrenagem, somos "peças importantes" no mecanismo da Vida Excelsa; interdependentes, promovemos nosso crescimento por meio do auxílio mútuo para, juntos, chegarmos à unidade absoluta com Deus.

"Tudo em a Natureza se encadeia por elos que ainda não podeis apreender. Assim, as coisas aparentemente mais díspares têm pontos de contacto que o homem, no seu estado atual, nunca chegará a compreender"[1].

"Pois nele aprouve a Deus fazer habitar toda a Plenitude e reconciliar por ele e para ele todos os seres, os da terra e os dos céus". Reside em Cristo a missão de reconciliar, de religar, de unir o que está separado, porquanto nele habita a "Plenitude", quer dizer, estado ou característica daquele que reconhece a totalidade da vida dentro e fora de si, com toda a sua validade, equilíbrio e proporção harmoniosa.

Na romagem do tempo, percorremos a rota multimilenária do processo evolutivo do ser; todos somos irmãos, desde as criações dos reinos mineral, vegetal e animal até as almas iluminadas que povoam os planos sublimes.

Do átomo ao anjo, somos elos de uma extraordinária cadeia, cuja causa e efeito é Deus – O Poder Glorioso do Universo. Por força da lei superior, todas as consciências transitam em fluxo incessante pelos dois universos (o físico e o espiritual), conectadas entre si e com a Consciência Cósmica.

---

[1] "O Livro dos Espíritos", questão 604.

23

A "PREÇO FISIOLÓGICO"

*"O fariseu, vendo isso, ficou admirado de que ele
não fizesse primeiro as abluções antes do almoço.
O Senhor, porém, disse-lhe: Agora vós, ó fariseus!
Purificais o exterior do copo e do prato, e por dentro
estais cheios de rapina e de perversidade! Insensatos!
Quem fez o exterior não fez também o interior?"
(Lucas, 11:38 a 40.)*

O recém-nascido traz consigo das vidas pregressas mentalidade e sensibilidade suficientes para interagir ou reagir aos atos e comportamentos positivos ou não dos adultos com os quais convive.

Não obstante, há pessoas que são do parecer que não se educam os recém-nascidos, uma vez que ainda não desenvolveram integralmente os órgãos dos sentidos. Existe, todavia, uma educação inarticulada e inconsciente adquirida pelo bebê, que pode ter origem nas atitudes dos pais, mas totalmente despercebida deles.

Os bebês possuem a capacidade de "estesia" – do grego *aísthesis* (sensação) –, uma característica congênita; em outras palavras, a sensibilidade mental, emocional e espiritual inerente a todo ser humano. Essa faculdade de perceber e captar informações sobre as mudanças no meio (externo e interno) e de a elas reagir através de sensações está presente em toda criança, ainda mesmo que ela não fale nem entenda corretamente o que dizemos.

Cada um de nós renasce para aprender e crescer sempre, abordando a nova existência com os olhos curiosos de um eterno aprendiz, livre para usar as vocações e disposições naturais.

Os preconceitos internalizados no berço levam as crianças, no futuro, às inseguranças, às fobias, às doenças psicossomáticas, que vão tolher ou distorcer a formação de sua mentalidade.

Apesar de os adultos reconhecerem no íntimo as singularidades dos filhos, continuam impondo conceitos, ideias, e tentando fazer deles seres idealizados segundo sua expectativa fantasiosa de perfeição e seu modelo de felicidade.

As regras e normas sociais rígidas e injustas, elaboradas por uma sociedade conflitada e desarmônica, estabelecem uma visão dualista entre o masculino e o feminino, desrespeitando e desmoralizando a individualidade das consciências em desenvolvimento.

Desde a infância, ensinamos aos filhos: jeito de falar e andar, posturas corporais, assuntos permitidos, profissões e roupas adequadas para cada sexo. Contudo, esquecemo-nos de que o ato mais educativo, compassivo, pedagógico e de melhor adequação à formação psicoespiritual infantil, seria o de fornecer às crianças condições de defender suas opiniões e sentimentos, incutindo-lhes autorresponsabilidade por seus comportamentos e decisões, respeito incondicional pelos outros e discernimento na justeza de sua razão e juízo sobre o que elas podem ou não fazer.

Criam-se diretrizes existenciais diferentes para homens e para mulheres, sem análise dos fatores: disposição natural, aptidão, sentimento, vocação. Ser homem ou ser mulher é uma situação temporária, é uma roupagem que o Espírito veste a fim de adquirir conhecimento e intuição, razão e sensibilidade, abstração e concretude diante de sua caminhada existencial.

Mentalidade é o conjunto de crenças, costumes, hábitos e disposições psíquicas de um indivíduo. Jesus Cristo, vivendo entre seres fundamentalistas, ortodoxos e fanáticos – alicerçados sobre uma mentalidade rígida quanto a "normas" e "regras" estabelecidas pelas antigas religiões –, haveria de não ser compreendido por sua postura de relacionamento livre de preconceitos e por ensinar sempre novos aspectos de sentir, pensar e agir.

"Agora vós, ó fariseus! Purificais o exterior do copo e do prato, e por dentro estais cheios de rapina e de perversidade! Insensatos! Quem fez o exterior não fez também o interior?"

Nossos preconceitos são máscaras que, inicialmente, nos dão um aparente conforto e proteção, mas, depois, nos confinam entre grilhões e opressões. Talvez a causa da nossa insatisfação seja não estarmos fazendo o que queremos fazer, e sim o que os outros disseram que devemos fazer. Preconceitos enraizados são fonte de desprazer e de distonias emocionais que, com o tempo, materializam-se em doenças físicas.

Na vida social pagamos as coisas a "preço de custo", "preço de mercado", "a qualquer preço", mas os preconceitos nós os pagamos a "preço fisiológico".

24

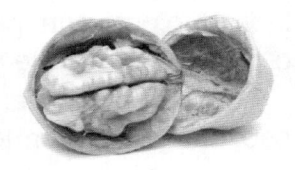

ACEITAÇÃO

*"Entende o que eu digo; e o Senhor te dará
compreensão em todas as coisas".*
(II Timóteo, 2:7.)

Aceita a vida que Deus te deu.

Aceita-te como és.

Aceita teus familiares.

Aceita teus conflitos.

Aceita tuas decepções.

Aceita tua parentela.

Aceita tuas dificuldades financeiras.

Aceita tuas desilusões.

Aceita as ingratidões contra ti.

Aceita tudo e todos.

Aceita atos e atitudes e faze o melhor que puderes.

Aceitar não quer dizer aplaudir e fazer o mesmo, mas compreender que cada um de nós tem e faz o que pode, que cada indivíduo está num grau diferente de evolução. Portanto, aceita o próximo como ele é.

Tu, porém, aceita, mas trabalha em favor de teu adiantamento espiritual e autoconhecimento, e assim serás mais feliz, livre de amargores e sentimentos que te aprisionam a vida interior.

"Entende o que eu digo; e o Senhor te dará compreensão em todas as coisas". A "compreensão de Deus" virá junto com a sabedoria, e ela te conduzirá à aceitação plena dos potenciais humanos, desenvolvidos ou não – seja de natureza intelectual, seja de natureza espiritual e emocional.

Portanto, aceita-te como és, aceita teu próximo e faze sempre o teu melhor.

Com isso alcançarás vitória sobre teus conflitos existenciais e encontrarás o devido valor para todas as coisas da vida.

25

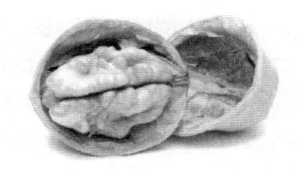

SEGUNDO A APARÊNCIA

"Não julgueis pela aparência,
mas julgai conforme a justiça".
(João, 7:24.)

Personalidade é a roupa que o Espírito veste temporariamente. Corpos são passageiros, o importante é a essência divina que habita em todos nós.

No âmago reside a alma imortal, que atravessa vidas sucessivas, vivendo, ora acentuadamente masculina, ora acentuadamente feminina, em corpos físicos adaptados para cumprir seu aprendizado terreno.

Na romagem multimilenária do tempo, o Espírito em evolução se demorou no hermafroditismo das plantas.

Segundo a Botânica, as plantas são andróginas, isto é, possuem "androceu" ou estame (órgão masculino composto pelo filete que sustenta a antera, na qual se encontram os grãos de pólen) e "gineceu" (órgão feminino constituído por um ou mais pistilos, que compreende o ovário, o estilete e o estigma).

Em virtude disso, as diversas experiências físicas através dos milênios sedimentaram no organismo humano determinada porcentagem de genes masculinos e femininos. Da mesma forma, essas mesmas experiências contribuíram para que as individualidades em trânsito adquirissem traços psicológicos bissexuais.

"O homem, tendo tudo o que há nas plantas e nos animais, domina todas as outras classes por uma inteligência especial, indefinida, que lhe dá a consciência do seu futuro (...)"[1].

Transcorreu longo tempo a evolução da alma humana para que o instinto sexual se aperfeiçoasse e aparecesse diferenciado sob a ação das leis da genética. Lembramo-nos, porém, que apenas as características morfológicas dos órgãos sexuais são determinadas pelos gens, e não as disposições psíquicas da individualidade milenar, que possui características peculiares.

O Dr. Carl Gustav Jung denomina "anima" ao conteúdo feminino inconsciente no psiquismo do homem, e "animus" à masculinidade inconsciente no psiquismo da mulher.

Muito antes de ser aceita pela ciência acadêmica, a noção de bissexualidade do ser humano foi inspirada aos escritores greco-latinos através dos mitos dos andróginos, que eram seres ágeis e possantes, temidos pelos deuses do Olimpo. Conforme a mitologia, Zeus, para enfraquecê-los, os separou em metades. Desde então cada alma repartida procura ansiosamente sua outra metade, sua alma gêmea.

A separação de Adão em elemento masculino e feminino é um processo de alienação do homem de seu estado original. O mito do jardim do Éden – descrito no Velho Testamento – igualmente nos dá a noção de bissexualidade. Na criação de Eva, desmembrada de Adão, está subentendido que o homem original era, em princípio, hermafrodita, pois de outra forma não seria possível criar uma mulher a partir dele.

Pode ser que esse mito, através dos tempos, tenha sido descaracterizado pelas normas e costumes patriarcais dos hebreus, que desconsideravam o componente feminino na psique humana, relegando-o a uma simples costela de homem.

---

[1] "O Livro dos Espíritos", questão 585.

Disse o apostolo João: *"não julgueis pela aparência, mas julgai conforme a justiça"*. A *aparência* é a roupagem carnal e a *justiça* é a visão nítida de quem vê a alma com olhos transcendentais.

Jesus Cristo é o protótipo do homem do futuro; por saber que todos somos "semente em germinação", Ele a utilizou como metáfora em muitos de seus ensinamentos.

Assim como a semente contém todos os elementos vitais para a formação de uma árvore, também nós possuímos em germe todos os componentes de que necessitamos para crescer e nos desenvolver espiritualmente.

Ao longo do tempo, a "semente imanente" que existe em nós se transmuta, desenvolvendo potencialidades inatas, e, futuramente, transforma-nos num ser em plenitude.

Se porventura pudéssemos perguntar ao botão de rosa se ele tem consciência de que nele existe em potencial o perfume da roseira, provavelmente ele não acreditaria. Assim, analogamente pensam as criaturas que vivem na dualidade, distantes do estado de unidade consciencial.

Talvez não acreditemos que possuímos os dons masculinos e femininos. Isso é compreensível devido ao nosso grau evolutivo. Num futuro breve, no entanto, descobriremos os valores potencializados que existem dentro de nós. Os atributos do anjo também nos pertencem.

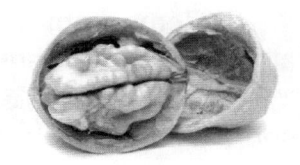

26

O TRIUNFO E O REVERSO

"Graças sejam dadas a Deus, que por Cristo nos carrega sempre em seu triunfo e, por nós, expande em toda parte o perfume do seu conhecimento".
(II Coríntios, 2:14.)

Deus lança em várias direções benefícios fecundos e infinitos, espargindo *"em toda parte o perfume do seu conhecimento"*. Ele, como as flores, não solicita a admiração alheia, não faz distinção das pessoas; traz em sua essência o aroma, distribui sua "fragrância de sabedoria" ao vento que passa e atravessa os extensos campos e planícies perfumando a tudo e a todos.

O ser desperto usa o silêncio e a observação para distinguir a sombra e a luz, identifica-se com a Força Excelsa Universal, para discernir verdadeiramente o que é a derrota e o que é o triunfo.

A Divindade utiliza a tristeza, para que possamos alcançar a alegria de viver.

Não raro usa a enfermidade, para nos mostrar o valor dos sentimentos e pensamentos.

De tempo em tempo, faz uso da privação de algo ou de alguém, para nos ensinar a dar valor ao momento presente.

Em outras ocasiões, lança mão da apatia, para nos instruir sobre a importância da criatividade.

A Divindade vale-se da desordem mental, para ministrar a lição da necessidade vital do silêncio.

De quando em quando, faz uso da inércia, para que possamos perceber a importância revitalizante do trabalho.

Algumas vezes utiliza a soledade, para nos ensinar a respeitar a intimidade alheia.

Deus costuma aproveitar as mágoas, para que aprendamos a impor limites nos relacionamentos.

Outras vezes emprega a aflição do conflito, para que possamos atingir a realização pessoal e flexibilizar a consciência.

Comumente serve-se do desânimo, para nos demonstrar a necessidade de escutarmos a voz do coração.

Na existência humana, o reverso é a outra face do mesmo contexto. Parece estar em posição oposta à normal, mas não está; é outra forma de ser visto. O reverso é o outro lado da moeda.

A Vida Providencial nos apresenta benefícios sob diferentes aspectos, para que possamos recolher as dádivas do discernimento e ampliar nossa consciência. Somente percebemos que o reverso *"nos carrega sempre em seu triunfo"* quando descobrimos que a Mente Divina *"por nós, expande em toda parte o perfume do seu conhecimento"*.

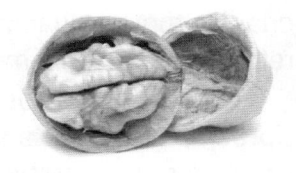

27

SALVACIONISMO – UM CICLO PERVERSO

"A fé esclarecida que tens, guarda-a para ti diante de Deus. Feliz aquele que não se condena na decisão que toma".
(Romanos, 14:22.)

Uma entre as muitas táticas de autocondenação que utilizamos, de forma consciente ou não, faz uso da seguinte armadilha psicológica: "ter a pretensão de mudar o que não está em nosso alcance mudar". Ela gera um "ciclo perverso" denominado "drama dos salvacionistas".

Esse "ciclo perverso" representa o padrão psíquico que reproduzimos incansavelmente com pessoas difíceis e problemáticas – cônjuges, filhos, pais, amigos, conhecidos ou alguém em dificuldade que estiver à nossa volta.

O ciclo consiste nos papéis de salvador, vítima e atormentador, que se repetem num espaço de tempo que varia de pessoa para pessoa. São ações recorrentes de caráter psicológico que começam e terminam com a mesma atitude. Por exemplo: ora a criatura tenta salvar, ora se vitimiza, ora atormenta, e, assim, ela retorna a esses mesmos papéis, intercalando-os sucessivamente.

Os salvadores de almas, também conhecidos por "arrumadores" da felicidade alheia, são aqueles que tentam a qualquer preço resgatar as pessoas de um conflito ou de uma situação crítica. Importante dizer que não estamos nos referindo a atos de compaixão, bondade e amor verdadeiros.

Na primeira etapa do "ciclo perverso", assumimos o papel propriamente dito do salvador.

À medida que assistimos, socorremos ou defendemos desesperadamente as pessoas, podemos registrar uma ou mais das seguintes sensações:

• Pena, por acreditarmos que o indivíduo que estamos auxiliando é indefeso, impotente e incapaz de, sozinho, realizar algo.

• Culpa, por não termos capacidade e competência suficientes para resolver o conflito alheio.

• Santidade, por acreditarmos que temos um compromisso espiritual para amenizar as dores de outrem.

• Ansiedade, por querermos recuperar, da noite para o dia, todo o bem perdido pelo infeliz, devolvendo-lhe a alegria de viver.

• Raiva, por termos sido colocados diante do dilema do outro e por nos forçarem a fazer coisas que, no fundo, sentimos não ter poder nem meios para executá-las.

• Medo, diante da enorme responsabilidade de resgatar alguém do emaranhado em que se encontra.

• Frustração, por não percebermos a linha tênue que demarca o limite entre ajudar e forçar/invadir, entre caridade e salvacionismo.

Com o passar do tempo, julgamos ter reabilitado a criatura a quem ajudamos "tão bondosamente"; no entanto, constatamos que ela não se comporta como aconselhamos ou orientamos e não segue os ensinos e ideias que lhe oferecemos de forma desprendida e fraternal. Nem ao menos demonstra um gesto sequer de gratidão pelos "benefícios" recebidos. Despreza nossa total dedicação em seu favor.

A partir desse momento, seguiremos automaticamente para a segunda etapa do ciclo perverso: o da vítima.

Sentimos autopiedade e nos vestimos com o manto da vítima: fomos usados, feridos, estamos impotentes, arrependidos, abandonados, cansados, envergonhados e depressivos. Fomos humilhados, tratados como algo sem importância, outra vez. Só queríamos ajudar, fazer o bem ou – quem sabe? – resgatar débitos do passado e mesmo afastar os Espíritos obsessores.

Na terceira etapa, é inevitável e previsível que o papel a ser assumido é o do atormentador. Nesse período encerra-se e, ao mesmo tempo, reinicia-se o ciclo do salvacionista.

Atormentamos porque reclamamos e exigimos o cumprimento dos conselhos que demos; perseguimos e cobramos de modo incessante utilizando toda nossa indignação e raiva por não nos terem obedecido.

De forma inconsciente ou não, nos sentimos abalados, magoados e ressentidos com o indivíduo a quem "socorremos" tão prontamente.

Tentamos solucionar seus problemas, dissemos "sim" quando queríamos dizer "não", esquecemos de nós para pensar nas suas dificuldades, gastamos muita energia e nos sentimos exauridos; deixamos de lado nosso tempo de descanso e compromissos importantes e ficamos profundamente raivosos pela incompreensão alheia.

Depois de nos sentirmos furiosos, quando constatamos que nada do que fizemos chegou a se concretizar como era esperado, voltamos, mecanicamente, para a fase inicial do processo psicológico, ou seja, tentar salvar, socorrer e assistir de forma exagerada nosso protegido.

Aí, desconsolados, nos perguntamos: Por que isso está sempre acontecendo comigo? E respondemos para nós mesmos: as pessoas são ingratas, a sociedade é cruel, o mundo é assim mesmo!

Todos temos uma tendência de culpar o mundo por nossas ações, comportamentos, emoções e sentimentos inadequados. Justificamos nosso desalento acusando indiscriminadamente a tudo e a todos, no entanto precisamos assumir inteira responsabilidade pelo que está acontecendo em nossa vida.

Devemos nos perguntar: o que realmente fizemos para estar infelizes e frustrados? O que temos que modificar em nossas ações e comportamentos para sermos mais felizes e nos realizarmos?

Até quando perpetuaremos esse "ciclo perverso", vivendo a "tragédia dos salvacionistas"? Já é hora de reconhecermos que reside em nós a fonte que determina e controla nossos atos e atitudes, ações e reações.

Na verdade, esse esquema mental de "querer forçar a mudança de sentir, pensar e agir dos outros" nos levará a descuidar da própria existência e a viver um constante estado de inadequação.

A conta que devemos fazer não é aquela das vezes em que realmente ajudamos e não fomos correspondidos, e sim das vezes em que não nos condenamos nem nos agredimos, mas reconhecemos nossos atos contraditórios e pretensiosos diante do grau evolutivo das pessoas.

Não devemos nem podemos forçar ninguém a mudar de atitudes. Em realidade, só podemos modificar a nós mesmos.

"A fé esclarecida que tens, guarda-a para ti diante de Deus. Feliz aquele que não se condena na decisão que toma". Afirma Paulo de Tarso: *"Feliz aquele que"* tem *"a fé esclarecida (...)",* pois *"não se condena na decisão que toma"*. De fato, a fé esclarecida e raciocinada proporciona ao seu possuidor o controle da própria vida, não a dos outros.

Repetir e validar o "ciclo perverso" do salvacionista – cuidar e proteger sem limites, depois se vitimizar, acreditando que é desventurado, que foi usado e enganado, e, mais além, atormentar, perseguir e criticar por estar profundamente irado e ressentido – é a atitude de todo aquele que *"se condena na decisão que toma".*

Ter *"fé esclarecida"* é auscultar e perceber as verdadeiras intenções da Divina Providência, que age em tudo o que existe, e observar que tudo está absolutamente certo, ainda que, temporariamente, não possamos reconhecer a vantagem e o proveito com clareza e nitidez.

Tudo que existe no Universo tem sua razão de ser, nada está errado conosco. Não há nada a corrigir ou consertar em nós ou nos outros, a não ser melhorar a nossa forma de ver tudo e todos.

A máxima de Pitágoras – filósofo e matemático grego – de certa forma sintetiza o que acabamos de expor: "Ajuda teu semelhante a levantar sua carga, porém não a levá-la".

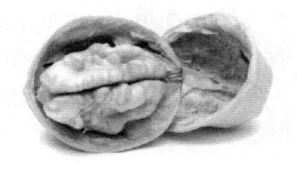

28

TUAS DORES

*"A mim que outrora era blasfemo, perseguidor
e insolente. Mas obtive misericórdia, porque agi
por ignorância, na incredulidade".
(I Timóteo, 1:13.)*

Não vejas a dor como castigo divino, mas como lição a ser aprendida.

Deus sabe da infância espiritual das criaturas humanas. Ele é Misericórdia Infinita, não castiga ninguém e perdoa incondicionalmente a tudo e a todos. O que levou Paulo de Tarso a afirmar ao seu amigo Timóteo: ***"obtive misericórdia, porque agi por ignorância, na incredulidade"***.

Tuas dores são manifestações de tuas atitudes e pensamentos negativos.

As leis divinas não são de reprimenda e condenação; ao contrário, agem de forma amorosa e instrutiva.

Quem te pune é tu mesmo; quem te constrange são os modos de pensar e de proceder diante da vida.

Renova tuas ideias, ligando-te à Divina Sabedoria do Universo, e terás tuas dores amenizadas cada vez mais.

Reeduca-te na cartilha dos valores universais e entrarás no fluxo da paz e da bonança.

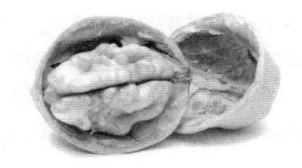

29

CONDENAR A SI MESMO

"Se alguém ouvir minhas palavras e não as guardar, eu não o julgo, pois não vim para julgar o mundo, mas para salvar o mundo".
(João, 12:47.)

Crueldade é atributo da criatura que se compraz em atormentar severamente os outros, utilizando atitudes rigorosas e inflexíveis para lidar com o mundo em seu derredor.

Toda crueldade nasce da fraqueza e da incapacidade das pessoas que não sabem relacionar-se com seu mundo interior. Isentamo-nos de responsabilidade sobre os fatos violentos, dando nome de paixão, de honra, de ordem social, para dissimular os pontos fracos e desajustados que possuímos.

As leis religiosas do passado mantiveram a humanidade sob o jugo de uma crueldade incalculável, com a imposição do sofrimento e da mortificação, justificando-os como sendo uma das maneiras que a Divina Providência utilizava para corrigir e reparar possíveis erros do presente e do passado. O que era um absurdo, pois, na verdade, Deus é amor, misericórdia e compreensão em abundância.

Os que contrariavam os padrões, normas ou dogmas estabelecidos por uma doutrina ou por um grupo tinham as mãos e as línguas decepadas e o corpo marcado com ferro.

Quantos julgamentos sumários de pretensos hereges e feiticeiros acusados de crimes contra a fé! Quantos impiedosos apedrejamentos, quantas práticas perversas, quantos órgãos retalhados, quantos olhos queimados com brasa! Vastos foram os tempos do domínio pela crueldade, pelo medo e pela exploração emocional. Homens insensíveis utilizaram os mais variados métodos desumanos para manipular e controlar, de forma abominável, as pessoas em nome do bem-estar, da tradição, da religião, da família, dos bons costumes.

O castigo nunca evita o crime, somente a educação e o amor retificam as almas – eis a grande proposta da Divina Providência. No entanto, o homem, de tanto ser cruel consigo mesmo, aprendeu a projetar essa crueldade no mundo que o rodeia. De tanto se julgar de forma tirânica, aprendeu a ser déspota também com os outros.

Os "requintes de perversidade" estão introduzidos na sociedade de forma tão sutil e imperceptível que, muitas vezes, não conseguimos identificá-los de imediato.

Não existem mais inquisidores propriamente ditos; não obstante, ainda persiste a remanescente atmosfera dessas ideias preconcebidas. Não existem mais fogueiras e guilhotinas, mas todos podemos nos converter em controladores e juízes da moral alheia se as circunstâncias forem propícias.

Alguns de nós usam técnicas indiretas e passivas, consideradas elegantes e sutis, mas, no seu conteúdo profundo, são frias e brutais.

Felizmente, encontramos na Doutrina Espírita ensinamentos essenciais que nos esclarecem que todos os "estratagemas cruéis" se voltarão contra a própria fonte criadora. Todo comportamento cruel está, na realidade, estabelecendo não somente uma sentença ou um veredicto, mas, ao mesmo tempo, um juízo, um valor, um peso e uma medida de como trataremos a nós mesmos.

Julgamentos impiedosos que fazemos em relação aos outros nos informam sobre tudo aquilo que temos por dentro. Em outras palavras, a "forma" e o "material" utilizados para julgar ou condenar os outros residem dentro de nós.

A passagem aqui referida é registrada pelo apóstolo João quando evidencia as palavras do Mestre de Nazaré: *"Se alguém ouvir minhas palavras e não as guardar, eu não o julgo, pois não vim para julgar o mundo, mas para salvar o mundo"*.

O modo de ensinar de todos os grandes mestres, sempre e fundamentalmente, baseou-se no amor como método de educação das almas; por isso, Jesus não julgava, media ou sentenciava ninguém. Quem aprendeu a não condenar os outros não mais se condena.

Cristo, nosso Divino Senhor e Mestre, deixou-nos as lições da compaixão, da mansuetude e do amor como forma de vivermos bem, não somente com os outros mas também com nós mesmos.

30

DIREITOS NATURAIS

*"Caríssimos, se o nosso coração não nos acusa,
temos confiança diante de Deus; e tudo o que
lhe pedimos recebemos dele".*
(I João, 3:21 e 22.)

Deus colocou no coração do homem o sentimento de justiça. Os Espíritos Superiores, em "O Livro dos Espíritos"[1], afirmam que "o progresso moral desenvolve, sem dúvida, esse sentimento, mas não o dá", visto que encontramos frequentemente, entre homens simples e humildes, noções mais precisas de justiça e de direito que entre os que têm muita cultura ou sabedoria.

Deus não olha para os teus atos externos ou para a tua aparência, nem para nada do que está situado do teu lado de fora. Deus apenas observa o teu coração e as tuas intenções. A Divina Providência jamais te negará auxílio, mas essa ajuda será sempre proporcional à expansão de tua consciência; em outras palavras, corresponderá à tua habilidade de discernir, avaliar e entender as leis naturais.

---

[1] "O Livro dos Espíritos", questão 873.

O apóstolo João afirma no Novo Testamento que: *"se o nosso coração não nos acusa, temos confiança diante de Deus; e tudo o que lhe pedimos recebemos dele"*.

Não podemos falar de forma efetiva em "justiça do coração" sem levarmos em conta a sinceridade e a intenção com que envolvemos nossos comportamentos, e *"se o nosso coração não nos acusa"* é porque *"temos confiança diante de Deus; e tudo o que lhe pedimos recebemos dele"*.

O "sentimento de justiça" existente no coração consiste no respeito aos nossos direitos e no respeito aos direitos de cada um.

Quem não sabe proteger seus direitos quase sempre extrapola os limites dos outros.

Quando devo utilizar meus limites?

Sempre que me sentir invadido; sempre que minhas fronteiras pessoais forem ignoradas ou desprezadas por alguém.

Limites e bons relacionamentos andam de mãos dadas.

Vejamos alguns dos direitos naturais de todo ser humano:

• Direito de ser ele mesmo, sem sentir que é inferior ou superior.

• Direito de mudar de opinião e de renovar-se.

• Direito de cuidar de si, sem se sentir culpado.

• Direito a todos os seus sentimentos: direito de sentir medo, mágoa e tristeza; direito até de esperar que esses sentimentos desapareçam.

• Direito de cometer erros e de se achar vulnerável.

• Direito de dizer não às coisas contrárias aos seus gostos e valores.

• Direito de não ser responsável pelos atos e atitudes alheios.

• Direito de conquistar amigos e de ficar feliz ao encontrá-los.

• Direito de rir e de se divertir o mais saudavelmente possível.

• Direito de amar e de receber amor, sem a pretensão de ser compreendido por todos.

Uma vida sem limites, direitos e deveres é como um barco sem leme num imenso oceano.

31

AS DUAS FACES DA CULPA

"E, imediatamente, pela segunda vez, o galo cantou.
E Pedro se lembrou da palavra que Jesus lhe
havia dito: Antes que o galo cante duas vezes,
me negarás três vezes. E começou a chorar".
(Marcos, 14:72.)

A culpa nos paralisa no tempo e ficamos soterrados sob os escombros de nossos desacertos. Ela interrompe nossas oportunidades de crescimento no presente em virtude de nossa obstinação neurótica em comportamentos do passado.

A culpa se estrutura nas crenças antigas do "pecado" irreparável e nos alicerces do perfeccionismo.

Só quando aceitarmos que a vida perfeita é uma impossibilidade humana, quando aprendermos que há limites em nosso grau evolutivo, quando nos conscientizarmos de que não temos todas as respostas para o que acontece, quando aceitarmos que somos passíveis de falhas ou enganos, quando abandonarmos o complexo de onipotência, é que a culpa terá acesso restrito em nosso mundo íntimo.

O arrependimento se distingue da culpa. O arrependimento

se manifesta quando tomamos ciência de que sabíamos fazer algo melhor e não o fizemos, enquanto que a culpa é prepotência daquele que crê que "deveria ter agido melhor", que "deveria ter previsto anteriormente os problemas atuais", porém não o fez propositadamente, porque seu senso crítico era inexpressivo, não possuía consciência individual e coletiva, nem auto-reflexão; em outras palavras, sua consistência evolutiva era limitada.

A raiz da culpa é o nosso imenso orgulho e as expectativas absurdas "de como nós e os outros deveriam ser, de como deveríamos nos comportar diante dos fatos e acontecimentos".

Há culpas e culpas...

Simão Pedro, filho de Jonas, conhecido como Pedro (do latim *petra, ae* – rocha, rochedo, penhasco, pedra), na realidade não tinha muito de rocha ou pedra; era um homem comum, com muitas das fragilidades humanas.

Na última ceia, Pedro contestou a predição do Mestre, que dizia: ***"Antes que o galo cante duas vezes, me negarás três vezes".*** O apóstolo deu a entender que os outros poderiam traí-lo, mas ele (a rocha), sob nenhuma condição, negaria o amor e a amizade que tinha pelo Mestre.

Depois, Pedro teve percepção de sua imaturidade e se arrependeu profundamente. Aceitou a condição de criatura em fase de crescimento espiritual, que ainda não tinha chegado à plenitude do ser.

Quem se arrepende abandona a culpa, pois não mais aprova os velhos comportamentos e atos imaturos. Todavia, não se autocastiga pelo fato de não ser perfeito, nem causa a própria ruína física ou emocional, abandonando-se num mar de lamentação e pesar. Ao contrário: assume a responsabilidade de seus erros e evita repeti-los; ao mesmo tempo, abranda seu julgamento e perdoa a si mesmo.

Simão Pedro superou a culpa, transformou-se interiormente e vivenciou uma existência de amor, compaixão, serenidade e perdão. Ele despertou em si o Reino de Deus e passou a divulgar a Boa Nova de Jesus sem distinção de raça, nacionalidade ou condição sexual das pessoas de sua época.

Pedro suplantou a culpa.

A análise da culpa no comportamento de Simão Pedro diverge completamente da reflexão sobre Judas Iscariotes.

Quando Jesus estava sendo julgado pela suprema corte judia, o Grande Sinédrio, Judas estava do lado de fora, remoendo-se de culpa.

Judas sucumbiu diante do seu engano. "Então Judas, que o entregara, vendo que Jesus fora condenado, sentiu remorsos e veio devolver aos chefes dos sacerdotes e aos anciãos as trinta moedas de prata, dizendo: Pequei entregando um sangue inocente. Mas estes responderam: Que temos nós com isso? O problema é teu. Ele, atirando as moedas no Templo, retirou-se e foi enforcar-se"[1].

Ele se autodestruiu ao deparar com o tormento da traição ao Mestre. De forma ingênua, Judas acreditou nas promessas dissimuladas do poder mundano e falseou fatalmente.

Não soube se perdoar nem reparar seu erro. Poderia ter-se compensado e, igualmente, à coletividade pela perda do Mestre, procurando redimir-se do seu grande equívoco através da ação de fazer chegar a um grande número de pessoas a mensagem cristã.

Poderia também ter iniciado, quase que imediatamente, o trabalho de autotransformação, mas a culpa o paralisou por anos; só muito tempo depois, conseguiu reabilitar-se através das sucessivas encarnações.

A culpabilidade de Pedro resultou em arrependimento e lhe serviu de degrau para expandir seus horizontes existenciais. A culpabilidade de Judas derramou-se em remorso doentio, acabando em autocondenação.

Os chamados "pecadores" – os que tinham consciência de culpa descritos nas passagens do Novo Testamento – estavam apenas vivendo experiências evolutivas. O que chamamos de "imperfeições" no mundo são apenas as lições não aprendidas, que precisam ser recapituladas para que possamos melhorar nossas ações.

[1] Mateus, 27:3 a 5.

Tudo aquilo que nos parece negativo é apenas um "caminho preparatório" para alcançarmos um bem maior e definitivo.

Mesmo os comportamentos que acreditamos nos levar aos caminhos do mal não devem ser vistos como perdição eterna, mas somente equivocadas opções do nosso livre-arbítrio, que não deixam de ser experiências compensatórias e de aprimoramento a longo prazo.

Cada culpa, cada pessoa. Cada pessoa, cada culpa.

Use os erros e desacertos para seu crescimento interior. Aprenda com suas culpas e eleve-se para a Vida Maior.

Em se tratando de culpa, cada qual deve fazer uma auto-análise, visto que a falta é sempre proporcional a cada consciência.

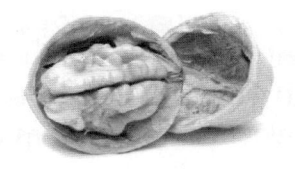

32

O DESPERTAR DA CONSCIÊNCIA

"Ó tu, que dormes, desperta e levanta-te de entre os mortos, que Cristo te iluminará".
(Efésios, 5:14.)

Encontramos em muitas passagens do Novo Testamento as expressões "despertar", "acordar", "levantar", todas se referindo à questão do "adormecimento" característico dos seres humanos. O processo da evolução se faz da inconsciência para a consciência, do estar para o ser, da razão para a intuição, do transitório para o permanente.

O eminente Léon Denis afirmou que o ser dorme no mineral, sonha no vegetal, move-se no animal, desperta no hominal e sublima-se no angelical. Esse pensamento filosófico, relacionado com evolução/eternidade, é de fundamental importância para a compreensão de nosso progresso espiritual. As admoestações de Jesus Cristo, aos que não ouviam nem enxergavam, para que tivessem olhos de ver e ouvidos de ouvir, nada mais eram do que a mensagem do despertamento para a Vida Maior.

Quando Paulo disse aos efésios *"Ó tu, que dormes, desperta"*, não estava apenas conclamando as criaturas ao erguimento do corpo físico, mas também ao da visão interior de todas as almas imortais, com vistas à expansão da consciência de cada uma delas.

Não podemos exigir que todos tenham a mesma visão, que todos tenham a mesma audição, porque entendemos a diversidade da compreensão humana.

Somos almas com traços de caráter ainda diminutos em relação à autoconsciência, porém destinadas a uma lucidez interior cada vez maior rumo aos mundos superiores espalhados pelo Universo.

Não nos esqueçamos, todavia, de que no homem se encontra o microcosmo que, em síntese, é o retrato do macrocosmo. Tudo está em tudo, e todas as partes unidas fazem o todo.

"Levanta-te de entre os mortos, que Cristo te iluminará", quer dizer: não devemos voltar nossa atenção para modificar as coisas de fora, mas para acordar e aprimorar as coisas de dentro.

Saiamos, portanto, do estado de dormência, inconsciência e imobilidade espiritual em que transitamos e despertemos nossos potenciais internos. Quando despertamos nossa consciência, transformamos o mundo em nós e, então, perceberemos que não eram propriamente nossos conflitos que nos incomodavam, e sim a nossa maneira de vê-los.

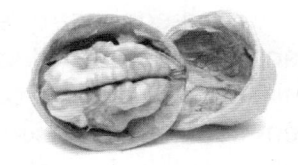

33

PASSIVIDADE DINÂMICA

"Não crês que estou no Pai e o Pai está em mim?
As palavras que vos digo, não as digo por
mim mesmo, mas o Pai, que
permanece em mim, realiza suas obras".
(João, 14:10.)

A criatura não é considerada sábia somente pelo que diz ou faz, mas, acima de tudo, pelo que é. Nem sempre a maneira pela qual as pessoas se apresentam condiz com seu aspecto interior. O ato externo não tem valor por si mesmo, mas sim a qualidade e a intenção interna de quem o realizou.

Um indivíduo é considerado benfeitor da humanidade quando está conscientemente integrado à Divindade. Quem se une ao Pai acaba realizando as coisas através dele.

Disse Jesus: *"Não crês que estou no Pai e o Pai está em mim? As palavras que vos digo, não as digo por mim mesmo, mas o Pai, que permanece em mim, realiza suas obras".*

O legítimo tarefeiro da luz possui em si mesmo, de forma consciente, o funcionamento da Harmonia Universal e sabe confiar na ação do Poder Superior, o qual *"realiza suas obras"*.

Ele reconhece que a intuição nada tem a ver com os métodos analíticos dos indivíduos que supervalorizam o mundo intelectual, e sim com uma forma de deixar escoar a Sabedoria Divina contida em seu íntimo, a exemplo de um bambu oco. Torna-se, assim, um canal sapiencial.

O sábio atua na luz de uma dimensão totalmente desconhecida pelo insipiente, compreendendo que não adianta buscar e fazer as coisas de maneira desesperada e abundante. Age de modo tranquilo, sem desgastes inúteis de energia, e se lança pacificamente nesse fluxo de luz imperceptível aos olhos materiais.

Todo sábio percebe o momento de "agir" e de "não agir" ou "não intervir", pois reconhece que pode ser desastroso se opor aos processos e mecanismos das leis invisíveis da Vida Excelsa, seja tentando modificá-los pretensiosamente, seja desobedecendo à sua ritmicidade.

Se um indivíduo se candidata à pesca marítima, utilizando uma embarcação movida à vela, terá primeiramente que aprender alguns princípios básicos de náutica e de pesca.

Deverá adquirir conhecimentos a respeito das correntes de ar e dos oceanos, da movimentação dos ventos em determinada direção e, igualmente, da denominada corrente de deriva (fluxo de ar lento em razão dos fracos ventos). Precisará se informar sobre o refluxo ou vazante (corrente de maré que se afasta da costa em direção ao alto-mar).

O pescador que conhece como agem as leis da Natureza na atmosfera e no mar aproveita suas movimentações ou mudanças, nunca interfere no curso dos acontecimentos naturais, mas os acompanha, aceitando-os e integrando-se a eles.

No "mar da existência", só atingiremos plenamente o sucesso e o triunfo nas realizações existenciais quando soubermos intervir no momento certo, agindo de forma espontânea e intuitiva.

A ação harmoniosa, muitas vezes, consiste em observar atentamente as "correntes marítimas e atmosféricas internas" e em utilizar a ação ou a inação. Em vez de percorrer o caminho dominador e impositivo do ego, devemos utilizar a alma, que é a ação da onipresença divina em tudo e em todas as coisas que existem no Universo. *__Não crês que estou no Pai e o Pai está em mim?__*.

Para exemplificar esses fluxos invisíveis, o sábio e filósofo Lao-Tsé baseou-se nas movimentações contínuas da Natureza e escreveu: "Nada na Terra é mais suave e complacente do que a água, porém nada é mais forte. Quando ela se defronta com uma muralha de pedra, a suavidade supera a dureza; o poder da água prevalece".

De fato, nada é mais frágil do que a água. No entanto, nada há no mundo que tanto se adapte ao solo. E nada mais forte do que a água para derrotar a mais rígida barreira. Ela é incomparável e invencível.

A água utiliza a "passividade dinâmica". Desliza obedecendo ao curso natural, da nascente à foz, contorna obstáculos e evita confrontos, não gastando de forma inútil suas energias. No entanto, apesar de frágil e maleável, às vezes é muito forte e resistente.

Aquele que tem o hábito da reflexão e se coloca num profundo silêncio interior, sabe encontrar o fluxo divino, quer dizer, o momento de agir e o de não agir. Tem habilidade suficiente para reconhecer a hora certa de se lançar ou não nas ocorrências diárias.

A "passividade dinâmica" é uma forma de restabelecer a harmonia com o poder oculto que organiza e movimenta todo o reino interno e externo, uma maneira de transcender os padrões sociais e intelectuais preestabelecidos pelo egoísmo pretensioso, que constantemente viola a ordem natural que rege o microcosmo e o macrocosmo.

Não devemos nos opor propositadamente às energias à nossa volta, mas fluir com elas, pois é na suavidade e flexibilidade do rodear das águas – na "passividade dinâmica" – que venceremos a "dureza das pedras da existência humana".

34

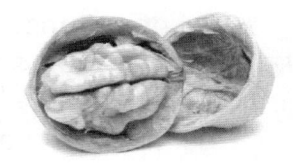

TEU CARMA

*"Pois o Filho do Homem há de vir na glória do seu
Pai, com os seus anjos, e então retribuirá a
cada um de acordo com o seu comportamento".
(Mateus, 16:27.)*

Carma – tuas ações, atos e atitudes geram ações, atos e atitudes.

Teu carma é o efeito daquilo que causaste.

Modifica teu carma, mudando tuas ações.

Ao transformares teu modo de ser, transformarás as reações na tua existência.

Quem joga rosas é a primeira pessoa a se perfumar.

Quem atira lama, por consequência é o que mais se enlameia.

Podes modificar o teu carma, aceitando o teu hoje e reprogramando tuas atitudes desagradáveis.

Ninguém te machuca, tu é que te machucas, mas não percebes; por isso, acusas os outros.

Ninguém te faz infeliz, tu é que esperas que os outros te façam feliz.

A lei do retorno, isto é, a ciclicidade inexorável do tempo, faz com que tudo sempre volte ao ponto de partida; logo, é importante lembrares que:

- se mudares tuas ações, estarás mudando teu carma;
- erros acontecem para ensinar;
- edificação íntima requer esforço pessoal;
- daquilo que deste receberás multiplicado;
- teu carma é o resultado de tuas ações, pois *"a cada um de acordo com o seu comportamento"*.

Analisa atentamente a ligação entre situações, ideias e acontecimentos. Observa o nexo causal de tudo o que acontece em tua existência e verás que não são por si só os fatos de vidas passadas que te complicam a existência na atualidade, e sim a perpetuação dos velhos modos de pensar e de agir, das crenças incoerentes e dos pontos de vista contraditórios.

35

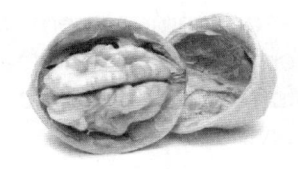

PARAÍSO PERDIDO

"Diz o Senhor: 'Colocarei minhas leis na sua mente, e as inscreverei no seu coração; e eu serei o seu Deus'."
(Hebreus, 8:10.)

Não é necessário buscar fora, não é preciso esperar que alguém nos diga: siga por este ou por aquele caminho.

Assevera Paulo de Tarso que virá um momento existencial em que perceberemos que as leis divinas estão impressas em nós; por isso escreveu aos hebreus: *"Colocarei minhas leis na sua mente, e as inscreverei no seu coração"*.

Para que esperarmos que os outros nos digam e ensinem o que está inscrito dentro de nós? Basta despertarmos para essa verdade e não desviarmos a atenção para fora, apenas observarmos atentamente a voz sapiencial da própria alma.

Um dia nos tornaremos traduções vivas das leis naturais ou divinas na Terra.

Quando deixamos de lado o nosso verdadeiro âmago,

esquecemos quem somos realmente e passamos a viver distanciados de onde saímos – da Casa Paterna –, perdidos, porque fomos "expulsos do paraíso", ou seja, separados da essência divinal.

Vivemos adormecidos, sem a consciência clara de quem somos, o que e por que fazemos as coisas; vivemos arrastados pelos instintos, praticamente inconscientes, apartados do "Eu", essência que preside nossa vida interna e externa.

Eis algumas perguntas e respostas, subproduto de nossas experiências e reflexões no decurso de nossas meditações, retiradas do "paraíso perdido" durante o silêncio absoluto da mente. Essas ideias, entretanto, não devem ser acolhidas como preceitos superiores para todas as pessoas, pois não temos a pretensão de ditar máximas nem impor nossos pontos de vista. Nosso objetivo é, unicamente, expor o singelo resultado de nossas considerações reflexivas. Aqui estão elas:

- O grande orientador? A voz da própria alma.
- A religiosidade? Um valor que não tem preço.
- O enigma a ser desvendado? A própria existência.
- O pior empecilho? Não agir com naturalidade.
- O melhor dia para mudar? Hoje.
- O único fracasso? Aquele com o qual nada se aprende.
- O mais perigoso dos erros? Querer acertar sempre.
- O egoísmo? Estado natural e transitório dos seres humanos.
- O mais generoso dos sentimentos? O autoperdão.
- A emoção que corrói? A mágoa.
- A vida sem amor? Um profundo desânimo.
- O maior de todos os riscos? Nunca querer correr riscos.
- O presente mais querido? Amar e ser amado.
- A raiz de todo bem? O respeito a tudo e a todos.
- O resultado do medo? A perda da originalidade.
- A auto-aceitação? Uma existência serena.
- O obstinado defeito? A busca apressada da perfeição.
- O trabalho vocacional? Sensação de completude.
- O pior dos inimigos? A falta de bom senso.

- A mais eficaz medicação? Conhecer a si mesmo.
- A necessidade incondicional? A entrega nas mãos de Deus.
- A convivência ideal? Comunicação de sentimentos.
- A melhor das descobertas? A autorresponsabilidade.
- A primordial importância? A fé raciocinada.
- O que se leva em conta? A sinceridade das intenções.
- A ânsia de querer agradar a todos? Sensação de impotência.
- A melhor das defesas? O sorriso espontâneo.
- A fonte das insatisfações? Acreditar que os recursos que buscamos estão fora de nós.
- O hábito de polemizar constantemente? Cultivo da guerra interior.
- Os professores particulares? Os eventos do dia a dia.
- O que mais ameaça ou protege? Busque a resposta dentro de si mesmo.

Para abolirmos o cativeiro da ignorância – que nos impede de desvendar o "livro sagrado", ou a *imago Dei,* que reside em nós – é preciso integrar a compreensão do mundo exterior com o divino existente no reino interior.

Não se alcança a luz do Espírito nem por osmose ou símbolos, nem através de cerimônias ou determinações das autoridades religiosas, e sim entesourando os valores e as experiências provenientes da própria busca íntima.

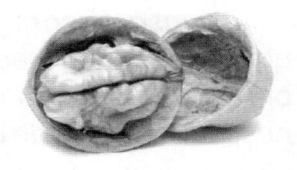

36

SERENIDADE

*"Tomai sobre vós o meu jugo e aprendei de mim,
porque sou manso e humilde de coração".*
(Mateus, 11:29.)

O que entendemos por mansuetude?

Será a postura dos que se humilham diante das calúnias, dos que abaixam a cabeça constantemente e dos que se fazem submissos em face do atrevimento dos outros?

Mansuetude é uma qualidade da alma; dela nasce o poder da não-violência. Os mansos são aqueles de índole pacífica, que conseguiram conquistar a harmonia interior, distribuindo equilíbrio por onde passam, porquanto vivenciam na própria intimidade uma relação harmônica – a razão aliada ao sentimento.

Os mansos são sábios. Não decretam ordem pela força bruta, não são déspotas; são fortes em si mesmos e têm atitudes serenas. Por sinal, para muitos, o comportamento sereno pode parecer fraqueza, tolice e desatino.

"Manso de coração", a que se referia Jesus Cristo, é aquele que se desvincula emocionalmente dos eventos da vida, que, ora prazerosos ora desgastantes, nos hipnotizam, anulando nossa habilidade de captar com precisão a serventia dos fatos, seja no momento presente, seja nos minutos seguintes e – por que não? – até nos dias, meses e anos vindouros.

Mansuetude é uma conquista da criatura que aprendeu a ver uma "sequência lógica", uma "ordem natural" nas ocorrências da vida, percebendo que para tudo há um "encadear preparatório" para que se possa alcançar definitivamente um bem maior.

É o ser que mantém sob controle seu mundo mental, criando, consequentemente, a tranquilidade e a harmonia a que se referia Jesus: *"Tomai sobre vós o meu jugo e aprendei de mim, porque sou manso e humilde de coração"*.

Mansuetude é tranquilidade da alma enriquecida pelas experiências da vida e que sabe que a única coisa que pode mudar e controlar é a própria maneira de agir e pensar.

É a serenidade de quem entendeu que o ontem e o amanhã são cargas que somente Deus pode sustentar, e que a ela cabe apenas a carga de um só dia.

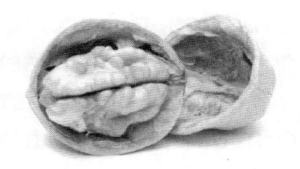

37

ANALFABETOS DO SENTIR

*"Ninguém acende uma lâmpada para colocá-la em
lugar escondido ou debaixo do alqueire, e sim sobre o
candelabro, a fim de que os que entram vejam a luz".
(Lucas, 11:33.)*

De modo geral, o vício e o analfabetismo do sentir são uma via de mão dupla: um realimenta o outro numa constante permuta energética.

Ao analisarmos profundamente o conceito de vício, constatamos que ele não é somente o uso de tóxicos, de álcool, de produtos farmacológicos, de nicotina, ou a prática de jogos de azar. Ele também compreende as atitudes destrutivas: as de julgar, de seduzir, de culpar, de gastar, de mentir, de martirizar-se, de exibir-se, e outras tantas.

Portanto, uma criatura que se encontra sob a dependência de quaisquer substâncias, de pessoas, de situações e de comportamentos pode ser considerada viciada.

São denominados "analfabetos do sentir" todos aqueles que não sabem exprimir, por palavras, gestos ou atitudes, suas emoções, vivendo num mar de conflitos por não identificarem corretamente seus sentimentos e emoções, e torná-los distintos.

Incontestavelmente, o vício e o analfabetismo do sentir exercem uma ação mútua. O analfabeto do sentir – aquele que não sabe expressar ou reconhecer o que realmente sente – pode entrar pelas portas da viciação como meio de fuga das "tensões torturantes", julgando com isso tornar mais suportável a pressão existente em seu mundo íntimo desorganizado.

Em resumo, aquele que é inabilitado para discernir ou avaliar claramente as sensações ou impressões internas, terá grande probabilidade de adquirir, mais dia, menos dia, algum tipo de vício ou, no mínimo, estará sujeito a alguma dependência.

Não somos o que os outros dizem que somos, nem somos o que pensamos que somos; somos o que sentimos. Sofremos porque não vivemos de acordo com nossos sentimentos e emoções, mas porque seguimos convenções fundamentadas em regras partidárias e normas sociais que discriminam características sexuais, étnicas, culturais e religiosas.

A Natureza não é diplomática, ela não negocia visando à defesa dos interesses pessoais.

Cada um é uma obra-prima de Deus; em vista disso, por mais que se criem leis, elas não conseguem regulamentar os seres únicos que somos. Os padrões da sociedade nunca conseguem abranger o âmago do ser, porque este foge dos parâmetros que o cercam tentando limitá-lo.

A criatura analfabeta do sentir, em princípio não tem a menor ideia de como identificar e começar a lidar com seus sentimentos e emoções. Por isso, solicitar a ela que diferencie as suas muitas emoções é como pedir a uma criança de pouco meses de idade que não seja birrenta ou chorosa.

Raiva, tristeza, ansiedade, angústia, solidão, cansaço, medo, vergonha, carinho ou amor não lhe dão a impressão de ser sensações diversificadas; para ela todas se apresentam confusamente misturadas.

"Ninguém acende uma lâmpada para colocá-la em lugar escondido ou debaixo do alqueire, e sim sobre o candelabro,

a fim de que os que entram vejam a luz". Nesta passagem de Lucas, podemos comparar os sentimentos e emoções com a *"lâmpada sobre o candelabro",* que não deve ser escondida, mas exposta *"a fim de que os que entram vejam a luz".*

Nossos sentimentos e emoções são tudo o que temos para perceber a "luz da vida". Não experimentá-los nem expressá-los seria o mesmo que destruirmos o elo com nosso âmago; seria como colocarmos a lâmpada em *"lugar escondido ou debaixo do alqueire"*; seria vivermos em constante ilusão, distanciados do verdadeiro significado da vida.

Sentimentos e emoções não são errados ou impróprios; são apenas energias emocionais, e não traços de personalidade. Não precisamos nos culpar por experimentá-los.

Afinal, admitir medo ou raiva diante de fatos é perfeitamente compreensível, porque a energia da raiva nos proporciona um "estado de alerta", para que possamos nos defender de algo ou de alguém, enquanto o medo é um mediador favorável diante de "situações de risco".

Por exemplo, sentir inveja é muito diferente do agir com base nela. Não é porque temos eventuais crises de inveja que devemos ser considerados indivíduos "maus"; sentir inveja não é o mesmo que roubar, lesar ou causar dano a alguém. Da mesma forma, quando registramos súbitas sensações de compaixão e generosidade, também não podemos ser chamados de pessoas plenamente bondosas.

Sentimentos e emoções nos guiam e nos fornecem indicações importantes para nossa vida de relação. Se não sentimos, não analisamos os pensamentos que os acompanham e não sabemos o que nosso imo está tentando nos mostrar.

A palavra sentimento – do latim medieval *sentimentum* – indica a "faculdade inata de perceber as impressões afetivas" ou "de identificar fenômenos relativos à afetividade". Emoção – do latim *motio-onis* – quer dizer "movimento para fora" e/ou "comoção que emerge em face de um possível estado interno".

As emoções emergem através dos chacras – do sânscrito *chakra* (roda, círculo) – ligados diretamente aos plexos nervosos das áreas inferiores do corpo humano, enquanto os sentimentos transitam por intermédio dos chacras situados nas regiões superiores.

Podemos identificar sentimentos e emoções em níveis diversos de intensidade, de acordo com nosso grau de evolução, conceituando cada um com nomenclaturas diversificadas. A propósito, fazem parte da mesma família do impulso da raiva: o melindre, a irritação, a mágoa, o ódio, a violência, a crueldade, bem como a bravura, o arrebatamento, o entusiasmo, a persistência, a determinação, a coragem.

Há inúmeras sensações emocionais, eis algumas nuances e variações do nosso sentir:

Tristeza + amor = **saudade.**

Tristeza + raiva = **mágoa** ou **irritação.**

Alegria + amor = **ânimo**.

Alegria + medo = **ansiedade** ou **insegurança.**

Medo + raiva = **depressão** ou **desânimo.**

Medo + tristeza = **solidão**.

Medo + alegria = **vergonha.**

Amor + medo = **ciúme**.

Amor + raiva = **vingança.**

Medo + orgulho = **timidez.**

Raiva + orgulho = **desprezo**.

Precisamos começar a desenvolver nossa própria educação do sentimento, aprendendo o que e como sentir.

Tornamo-nos emocionalmente educados quando nos permitimos sentir todas as sensações energéticas que partem do nosso universo interno, livres de julgamentos precipitados e de qualquer condenação, pois os sentimentos são bússolas que nos norteiam os caminhos da vida.

Assim como o vício e o analfabetismo do sentir andam de mãos dadas, da mesma forma se potencializam mutuamente a sanidade mental e a educação emocional.

Para que possamos adquirir um coração apaziguado e uma mente tranquila, devemos aprimorar nossa leitura interna, compreendendo o que os sentimentos querem nos dizer e utilizando-os apropriadamente para cada fato ou situação – devemos aprender a "escutá-los" adequadamente.

Olhamos e admiramos o Universo a um só tempo com nossas percepções interiores. O valor real de um sentimento ou emoção pode ser aferido pela constância, determinação e hábitos que revelamos para interpretá-los.

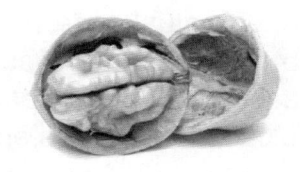

38

SOBRE DEUS

"Ele é antes de tudo e tudo nele subsiste".
(Colossenses, 1:17.)

Dizia Mahatma Gandhi em sua sabedoria: "A verdade é dura como o diamante – e delicada como a flor do pessegueiro".

Analisando as concepções de Deus, podemos dividi-las didaticamente em: conceito de Deus-Pedra, de Deus-Pessoa e de Deus-Universal.

No infantilismo dos povos primitivos, as estátuas e os totens representaram a Divindade durante séculos.

Entre os antigos povos da Palestina e outros tantos do Oriente, Deus tinha feição antropomórfica. No passado, foram poucos os prepostos da Divina Providência que professaram a ideia do Deus-Universal. À ideia da unicidade do Criador e suas criaturas referiu-se Paulo de Tarso em suas cartas evangélicas: "Nele vivemos, nos movemos e existimos"[1].

---

[1] Atos, 17:28

Na atualidade, muitos são os missionários que espalham as mesmas concepções do apóstolo Paulo – são precursores que sublimam os destinos humanos, transcendem igrejas e teologias e são encontrados entre todos os povos e religiões.

Os emissários espirituais e os autênticos arautos do bem não são politeístas, nem panteístas, nem monoteístas mosaicos, e sim monoteístas universais – "inteligência suprema, causa primária de todas as coisas"[2]. *Ele é antes de tudo e tudo nele subsiste*".

Deus está em tudo, e tudo está nele, mas tudo não é Deus. Deus está em todas as suas criações, mas é distinto, não se confunde com nenhuma delas. Os indivíduos e todos os seres inanimados do Universo não são Deus, mas não estão separados dele.

"A verdade é dura como o diamante – e delicada como a flor do pessegueiro". Quem apenas analisa de modo superficial os conceitos filosóficos sobre Deus pode encontrar a dureza do diamante, mas quem se deixar levar pelo fluxo intuitivo e sapiencial da alma gozará da verdade divina, percebendo as nuances sutis e delicadas da flor do pessegueiro.

---

[2] "O Livro dos Espíritos", questão 1.

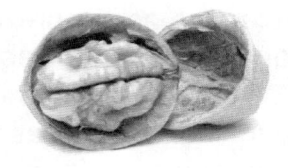

39

SEXO – MANIFESTAÇÃO DIVINA

"Eu sei e estou convencido no Senhor Jesus que nada é impuro em si. Alguma coisa só é impura para quem a considera impura".
(Romanos, 14:14.)

Afirmamos acertadamente que tudo provém do Criador e a Ele retorna.

O sexo – cujas energias servem de alimento divino para a inteligência e para o sentimento humano – é uma das mais belas criações da Sabedoria de Deus para com suas criaturas.

Força criadora não somente para gerar filhos carnais, a sexualidade envolve as vitalidades psíquicas como um todo, atua nas áreas da estética, da arte, da cultura, de obras e realizações espirituais, da sensibilidade, das alegrias enobrecedoras do afeto e outros tantos vigores criativos da alma humana.

É preciso ampliar nossa concepção do sexo, deixando de fixá-la unicamente nas atividades de certos órgãos do veículo físico.

Por que então condená-lo com tanta veemência? Por que

relegá-lo ao desprezo como algo negativo, uma vez que tudo que há em nós é sagrado?

Nosso conceito ético-moral está fundamentado na noção adquirida em nossas experiências familiares, sociais e religiosas, das quais nos servimos para sedimentar juízos, opiniões ou pontos de vista.

Concepções, símbolos, tendências e ideias estão arquivados em nossa memória profunda; são subprodutos de uma série de conhecimentos que assimilamos na vida atual e nas vivências pregressas.

Normas, costumes, informações, observações, admoestações e censuras, inclusive influências de instituições diversas, formaram em nós um tipo de "observatório moral" – coleção de regras a ser impreterivelmente cumpridas –, do qual nos valemos para visualizar, investigar e catalogar a sexualidade como boa ou má.

Se convivermos com familiares problemáticos e que trazem consigo desajustes e prejulgamentos embrutecidos no setor da afetividade, ficaremos profundamente marcados por essas relações desarmônicas. Se vivenciarmos durante a infância experiências negativas na área sexual, esses mesmos fatos e acontecimentos estarão dificultando nossas relações interpessoais.

Adotamos comportamento angelical ou de criaturas sublimadas, no entanto ainda somos seres humanos. Não podemos nos esconder atrás do poder religioso ou da postura clerical de nenhuma religião para camuflar anseios de caráter afetivo e sexual – isso é escapismo.

Nutrimos conceitos moralistas e preconceituosos como mecanismo de proteção ou de fuga.

Ao renovarmos a nossa "visão ilusória" para uma "visão de imortalidade", mudamos a "concepção de sexo" simplista e obtusa. Deixamos de analisá-lo por caracteres absolutos, rigorosos e metódicos, alterando assim as conclusões equivocadas a respeito das pessoas e da vida.

Iludimo-nos com fantasias de castração e repressão, que nos parecem livrar a consciência de culpa e que nos dão falsa impressão de segurança íntima.

Tomemos o versículo paulino, que despertava à época sérias discussões quanto à "forma de comer", e o estendamos ao campo da sexualidade.

Paulo de Tarso afirmava aos romanos: ***"Eu sei e estou convencido no Senhor Jesus que nada é impuro em si. Alguma coisa só é impura para quem a considera impura"***, ou seja, é nossa maneira de ver e de sentir que determina as coisas como puras ou impuras.

Admitir as necessidades sexuais e carências afetivas não nos torna impuros, mas facilita que vejamos a normalidade da realidade humana existente nesta vida que Deus nos reservou.

Deus criou através do sexo os nomes paternidade e maternidade, no entanto eles não se revelam como as únicas tarefas que dignificam os indivíduos na Terra.

Foi o Poder Inteligente do Universo que criou o instinto sexual nas criaturas, porém muitos creem que a sexualidade esteja vinculada ao "mundo demoníaco". Assim também pensavam as pessoas na Idade Média. Ainda hoje, muitos de nós perpetuamos essas noções como se estivéssemos vivendo séculos atrás.

Nesta troca incessante em que vivemos, o que de fato vale a pena é nos darmos de alma inteira, sem medo de amar e de ser amado, sem esperar favores e reconhecimento, sem receio de que as pessoas não nos aceitem ou não gostem de nós, se souberem quem somos intimamente. A propósito, eis o que somos realmente: "deuses em potencial", o "sal da terra", "filhos de Deus" em evolução.

Lembremo-nos de que em nós não existe nada de errado, nada a corrigir, somente é preciso que mudemos a nossa maneira de sentir e de interpretar tudo e todos.

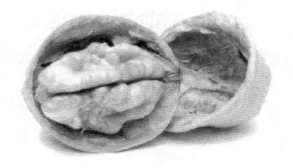

40

SINTONIA

"Pedi e vos será dado; buscai e achareis;
batei e vos será aberto".
(Mateus, 7:7.)

Todas as coisas que existem no Universo vivem em regime de afinidade. Desde o átomo até os arcanjos tudo é atração e sintonia. Nada que te alcança a existência é ocasional ou fruto de uma reação sem nexo.

Teu livre-arbítrio indica com precisão a posição que ocupas no Cosmo, uma vez que cada indivíduo deve a si mesmo a conjuntura favorável ou adversa em que se situa no momento atual.

Vieste da inconsciência – simples e ignorante – e, pela lei da evolução, caminhas para a consciência escolhendo a estrada a ser percorrida.

- Encontrarás o que buscas.
- Tens a posse daquilo que deste.
- Convives com quem sintonizas.

• Conhecerás o que aprendeste, mas somente incorporarás na memória o que vivenciaste.

• Avanças ou retrocedes de acordo com a tua casa mental.

• Felicidade e infelicidade são subprodutos de teu estado íntimo.

• Amigos são escolhas de longo tempo.

• Teu círculo doméstico é a materialização de teus anseios e de tuas necessidades de aprendizagem.

• Pelo teu jeito de ser, conquistarás admiração ou desconsideração.

• O que fizeres contigo hoje refletirá no teu amanhã, visto que o teu ontem decidiu o teu hoje.

Com teus pensamentos, atrais, absorves, impulsionas ou rechaças. Com tua vontade, conferes orientação e rumo, apontando para as mais variadas direções. Disse Jesus: *"Pedi e vos será dado; buscai e achareis; batei e vos será aberto"*.

Sintonia é a base da existência de toda alma imortal. Seja na vida física seja na vida astral, a lei de afinidade é princípio divino regendo a ti, a todos os outros e a tudo.

Observa: viver no drama ou na realidade, na aflição ou na serenidade, na sombra ou na luz, é postura que está estritamente relacionada com teu modo de sentir, pensar e agir.

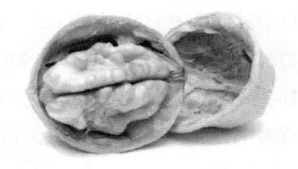

41

ESCOLHAS

"Ora, se Deus veste assim a erva do campo, que existe hoje e amanhã será lançada no forno, quanto mais a vós, homens fracos na fé!".
(Lucas, 12:28.)

A qualquer instante, cada um de nós tem a possibilidade de reescrever o texto, de reelaborar o conteúdo do livro da própria existência.

É compreensível resistirmos ou ficarmos receosos quando a vida nos solicita tomar uma decisão, mas não podemos nos esquecer de que os "amanhãs" cuidarão de si mesmos e que o importante é vivermos bem o dia de hoje. Disse Jesus: *"se Deus veste assim a erva do campo, que existe hoje e amanhã será lançada no forno, quanto mais a vós, homens fracos na fé!"*.

O procedimento utilizado diante de cada fato ou acontecimento influenciará, de modo incontestável, nosso desenvolvimento futuro e, acima de tudo, determinará nossa qualidade de vida no presente.

Decidir qual o melhor momento de aceitar ou discordar,

conceder ou renunciar, ir junto ou retirar-se, não é tão fácil quanto pensamos, pois fazer escolhas apropriadas requer um trabalho interior intenso ao longo do tempo, alicerçado sobre exame paciencioso e reflexões constantes.

Optar por decisões convenientes é o resultado de um exercício contínuo de afinação com a "vontade de Deus", que reside em todas as criaturas. Ela – a *"imago Dei"* – representa um "livro sagrado" que deve desvendar-se no íntimo de cada um. Tem por fim atrair o ponteiro da "bússola interior", que indica o norte, o porto seguro, na travessia do mar da existência.

Todos aqueles que sintonizaram com essa "bússola interna" conquistaram a fé raciocinada, o senso crítico, a uniformidade no proceder, o nexo causal e a coerência de pensamentos.

O aumento da capacidade de se relacionar com o "Eu Superior" exige treino, coragem, paciência e determinação. A habilidade de escolher adequadamente não é jamais produto do acaso ou de reações acidentais, mas é diretamente proporcional à dedicação da criatura que sabe silenciar a mente e permanecer num estado de espírito que favoreça o isolamento de seu interior dos estímulos externos.

Em muitas ocasiões, o medo de escolhermos errado provém dos inúmeros "erros de cálculo" que fizemos em nosso reino íntimo. Nós não sentimos errado, mas interpretamos errado.

Ao escolhermos, é preciso prestar muita atenção em nossas sensações internas. Em certos momentos, ensinou Buda, "a mente precisa estar presente quando ocorrem os fatos e acontecimentos, e se esvaziar quando eles terminam".

Conta a tradição oriental que certa vez Sidarta Gautama[1], já em idade bem avançada, passava por uma floresta junto com seus discípulos quando encontrou aprendizes de outro mestre, e um deles logo foi dizendo: "Nosso mestre é um grande avatar. Ele levita e faz materializações extraordinárias. Nós mesmos presenciamos isso, somos testemunhas!" E, fixando o olhar nos discípulos de Buda, inquiriu: "O que vocês têm a dizer sobre seu mestre? O que ele pode fazer, que milagres realiza?".

---

[1] Sobre este tópico, ver o livro "Os prazeres da alma", página 88.

Sidarta Gautama tudo escutava silenciosamente e deixou a cargo de seus companheiros a resposta. Apenas observava o desempenho de cada um.

Então, um logo se adiantou e respondeu: "Nosso mestre, quando está com fome, come; e quando ele tem sono, dorme. Ele nos ensina a andar, quando estamos andando; a comer, quando estamos comendo; a sentar, quando estamos sentados.

E um deles, inconformado, exclamou: "O que vocês estão falando?! Chamam de milagres o óbvio?! Todos fazem essas coisas!"

E o ponderado discípulo de Buda retrucou: "Engano de vocês. Quase ninguém faz isso. Quando as pessoas dormem pensam sem cessar, estão dispersas no sono. Quando comem, estão distraídas, falando mil coisas. Quando andam, estão desatentas e qualquer ocorrência lhes rouba a atenção. Mas, quando meu mestre dorme, ele apenas dorme: somente o sono existe naquele momento, nada mais. E quando sente fome, ele apenas come. Ele sempre está no lugar onde deve estar, ou seja, jamais é arrebatado pelos fatos ou acontecimentos que se foram e pelos que hão de vir; vive sempre no momento presente".

Nós precisamos estar presentes. A mente precisa estar a todo momento ligada aos nossos sentidos e emoções mais profundos, para poder diferenciar quando a vida nos pede uma ação radical ou uma atitude de aceitação.

As nossas escolhas, adequadas ou não, devem ser por nós exercitadas, devem ocorrer por nossa livre escolha. A Espiritualidade Superior não deseja fazer-nos seus dependentes ou indivíduos inconscientes do processo da vida, que pedem e esperam eternas orientações.

Os benfeitores da Terra, ou de qualquer dimensão do Invisível, não querem nos transformar em seres vacilantes ou inseguros, nem em andróides ou fantoches, guiados pelos outros, e sim despertar nossa "dimensão esquecida" e religar nosso "elo perdido" ao Poder da Vida, a fim de que façamos escolhas proveitosas e ajustadas à realidade material e à espiritual.

Vale lembrar que: quem não toma decisões por si só é inseguro e imaturo; quem não sabe raciocinar é facilmente enganado; e quem não se permite utilizar o livre-arbítrio ou a liberdade de consciência é um escravo das opiniões alheias.

42

ESCOLHAS PRECIPITADAS

Aguardemos a hora apropriada. Se não temos certeza de que este é o momento exato de agir, se não visualizamos com clareza o início da estrada a ser percorrida, se não possuímos firmeza na decisão a ser tomada e se não desponta uma conclusão resoluta, esperemos um tanto mais; o "momento de atuação" ainda não é propício.

Algumas vezes ficamos amedrontados e agimos apressadamente, movidos pela ansiedade. Outras vezes, procedemos de modo impetuoso, buscando desforra ou querendo castigar alguém.

Em muitas circunstâncias, decidimos depressa demais em função de impor aos outros uma decisão rápida, ou de forçá-los a resolver velhos conflitos. Em outras ocasiões, entramos em desespero pelo medo de não chegar a tempo de resolver o problema ou de deixar de usufruir benefícios e privilégios.

Nem sempre as coisas estão à nossa disposição. Não temos sob controle o "tempo de duração" daquilo que já conquistamos. A propósito, como a mudança está implícita no processo da evolução humana, é preciso aceitar a face mutante de tudo o que existe na vida física.

Dar "tempo ao tempo" não é tempo perdido. Uma atitude antes da ocasião certa pode ser tão inapropriada quanto aquela tomada tarde demais. Às vezes, em poucas horas ou dias tudo poderia ser resolvido corretamente.

Nesse novo modo de entender, nessa nova forma de viver, compreendemos claramente que existe uma Determinação Divina – onipresente e onipotente – que nos guia sem que precisemos nos mover de modo desesperado e sem que busquemos as respostas numa atmosfera de impaciência.

Neste trecho do evangelho de João, recebemos importante recomendação reflexiva do Mestre para que analisemos a temporalidade das coisas e a dimensão transcendental do tempo. *"Não são doze as horas do dia? Se alguém caminha durante o dia, não tropeça, porque vê a luz deste mundo; mas se alguém caminha à noite, tropeça, porque a luz não está nele"*.

As *"doze horas do dia"* representam o período em que o sol permanece visível. No entanto, o Mestre não nos convida apenas a andar durante o dia claro para que não tropecemos no escuro, mas nos recomenda, antes de tudo, "fazer sol" interior quando diz *"tropeça, porque a luz não está nele"*.

Quem acende a luz interior confia, espera e se despreocupa de fazer ou de obter algo com precipitação e urgência. A propósito, esperar é uma atitude corajosa, benéfica, vantajosa e de fé na Ordem Sagrada.

Há em nós uma orientação divina, um rumo certo que, se ouvidos humildemente, levam-nos a tomar a atitude correta no momento exato.

Pode ser que, no momento, estejamos apartados do nosso senso de direção, entretanto é preciso lembrar que o tempo que passamos atordoados e vacilantes diante das decisões é diretamente proporcional ao tempo gasto para intensificar o vínculo espiritual que nos revela a aptidão inata de considerar um ato, avaliar uma situação existencial, julgar uma intenção, apreciar um procedimento próprio ou de outrem.

Quando não mais andarmos tropeçando na noite escura da alma, quando não mais fizermos escolhas precipitadas, é porque já caminhamos na claridade do sol, nas *"doze horas do dia"* – já compreendemos a função transcendente dos mecanismos divinos que envolvem a arte de esperar e de agir na hora certa.

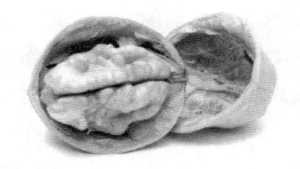

43

NOSSOS FILHOS

"Foi manifestada agora pela Aparição de nosso Salvador, o Cristo Jesus. Ele não só destruiu a morte, mas também fez brilhar a vida e a imortalidade".
(II Timóteo, 1:10.)

Nossos filhos não são "fitas virgens" ou "livros em branco", mas almas antigas em busca da evolução espiritual.

Em nome da missão que os pais têm em relação aos filhos, não determinemos suas vocações e decisões com gestos de autoritarismo e coerção.

Se os superprotegermos, eles viverão à nossa sombra sem a mínima atitude de decisão ou opção. Serão inseguros e dependentes e um dia se revoltarão contra o mundo, que não os mima, e contra nós, que os tratamos com excesso de carinho, satisfazendo a todos os seus caprichos e vontades.

Nem imposição sistemática, porque eles trazem do passado suas próprias verdades e experiências. Nem satisfação de todos os desejos, porque não saberão se comportar perante os outros.

Nunca tentemos instruí-los projetando neles nossos propósitos de vida não realizados. Nossas carências não são as deles, nossas vontades não são as deles e nossos prazeres e alegrias são diferentes dos prazeres e alegrias deles.

Não os tratemos como bibelôs de porcelana, nem como objetos raros de propriedade nossa. Para educá-los é preciso respeito e amor por eles, além de muita compreensão.

Lembremo-nos, acima de tudo, de que o Cristo de Deus *"destruiu a morte, mas também fez brilhar a vida e a imortalidade"*; portanto, os filhos não são nossos, são apenas almas imortais que passam momentaneamente pelo nosso lar, pelas nossas vidas. São Espíritos que buscam paz e felicidade pelos seus próprios caminhos.

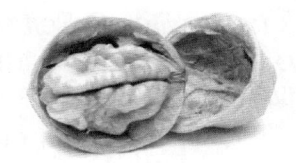

44

A RELIGIÃO NATURAL

*"Não sabeis que sois um templo de Deus e
que o Espírito de Deus habita em vós?"
(I Coríntios, 3:16.)*

Uma das descobertas fundamentais do Dr. Carl Gustav Jung é a do inconsciente coletivo ou psique arquetípica.

A expressão inconsciente coletivo, segundo o conceito junguiano, é uma herança psicológica, um tipo de memória da raça ou da espécie, onde se encontram conteúdos de estrutura psíquica, padrões universais ou arquétipos (do grego *archétypon* – "o que é impresso desde o início") existentes na intimidade de todos os seres humanos.

De acordo com suas teorias, há no inconsciente coletivo vários arquétipos, mas existe um, central e fundamental, que tem a função de unificar e reconciliar todos os outros e de reequilibrar todo o governo psíquico (consciente e inconsciente). Ele o denominou de *Self* ou Si-mesmo.

Ele é descrito como a autoridade mental suprema, e equivale

à *imago Dei*. O *Self* é a sede da identidade objetiva, enquanto o ego é a sede da identidade subjetiva – o centro da personalidade consciente.

O *Self* contém em si tanto o consciente quanto o inconsciente e mantém o ego sob seu comando. Há outros nomes associados ao Si-mesmo: eixo central, totalidade criativa, centro da psique e união dos opostos. Podemos dizer que ele é o ponto onde Deus e o homem se encontram.

Jung afirmava que a religiosidade tem também uma função psíquica. Os arquétipos do inconsciente coletivo têm força e valores equivalentes aos pontos fundamentais ou princípios religiosos.

Quando Jung fazia menção à religião, não se reportava a um credo ou igreja especificamente. O que ele tinha em estudo era o comportamento religioso, o conteúdo da religiosidade no processo psíquico.

Na sua obra científica, ele se refere à religiosidade como um fenômeno universal encontrado desde os tempos mais antigos em cada grupo étnico, raça ou povo.

"Se o sentimento da existência de um ser supremo fosse tão-somente produto de um ensino, não seria universal e não existiria senão nos que houvessem podido receber esse ensino, conforme se dá com as noções científicas", afirma Allan Kardec em "O Livro dos Espíritos"[1].

Podemos dizer, sobre a existência de Deus, que há um "sentimento instintivo, que todos os homens trazem em si"[2]. A religiosidade apresenta-se como fenômeno natural.

Para Jung, a imagem arquetípica de Deus se encontra no *Self*, cuja principal função é levar as emanações e efeitos da *imago Dei* à mente consciente do indivíduo.

No seu trabalho de analista, observou uma dimensão transpessoal que se manifesta em padrões ou imagens universais, os quais podem ser identificados em todas as mitologias e religiões do mundo.

Não são poucos os que ainda entendem a existência de

---

[1] "O Livro dos Espíritos", questão 6.
[2] "O Livro dos Espíritos", questão 5

Deus de forma simplista e bem estreita, adorando ídolos como se vivessem na era mosaica ou na Idade Média.

É preciso nos inteirarmos de todas as áreas científicas, interagir no universo de todas as realidades filosóficas, uma vez que elas podem contribuir consideravelmente com a religião. Tudo provém de Deus, "pois nele vivemos, nos movemos e existimos"[3].

"A Ciência e a Religião são as duas alavancas da inteligência humana: uma revela as leis do mundo material e a outra, as do mundo moral. Tendo, no entanto, essas leis o mesmo princípio, que é Deus, não podem contradizer-se. Se fossem a negação uma da outra, uma necessariamente estaria em erro e a outra com a verdade, porquanto Deus não pode pretender a destruição de sua própria obra"[4].

Disse Albert Einstein: "A minha religião consiste numa admiração humilde ao Espírito Supremo e Ilimitado, que se revela a si mesmo nos mínimos pormenores, que estamos aptos a captar com as nossas fracas mentes e com profunda certeza de um Poder Superior, que se revela universal".

A religião do futuro será reconhecida como uma realidade interna, será vivenciada individualmente pela criatura que superou o "ser religioso" e desenvolveu em si o "ser religiosidade".

Como toda atividade psíquica, a religiosidade é suscetível de ser aprimorada, assimilada e investigada ou, também, de ser depreciada, adulterada e restringida. No entanto, sua força energética se manifesta de uma forma ou de outra e procura dar vazão, utilizando as mais variadas vias de expressão. Esse fenômeno de escoamento energético surge de modo inesperado e surpreendente, elegendo os deuses da música, do teatro, do cinema, do futebol e outros tantos.

Uma das maneiras de o conteúdo religioso se anunciar é por meio dos símbolos; aliás, a simbologia é a linguagem mais usada pelas antigas religiões.

Em muitas ocasiões, no lugar das imagens sacras e altares

---

[3] Atos, 17:28.
[4] "O Evangelho Segundo o Espiritismo", Capítulo I – Não vim destruir a lei – Aliança da Ciência e da Religião.

consagrados, surgem pessoas, objetos e componentes simbólicos, que passam a ser cultuados ou venerados impensadamente. Muitas vezes, fatos e acontecimentos sociais e/ou esportivos chegam a ter uma importância quase sagrada.

A "beatlemania" e outras devoções a grupos e cantores musicais; o culto às raças, às nações, aos partidos políticos; a idolatria ao dinheiro, ao sexo e às máquinas e automóveis podem ser reconhecidos como um extravasamento inconsciente da função religiosa existente na psique dos seres humanos ainda presos no sono da inconsciência de si mesmos.

As solenes marchas fúnebres dos chefes de países ateus, nas quais se carregam fotografias e enormes bandeiras, seguidas por inúmeros partidários, assemelham-se às procissões sacras. O fanatismo e a paixão desenfreada pelos "semideuses" do esporte constituem instintivas e imperceptíveis exteriorizações do conteúdo da religiosidade que, muitas vezes, não ultrapassam o limiar da consciência, mas participam de forma ativa no dia a dia dos indivíduos que dão seus primeiros passos rumo ao aperfeiçoamento da percepção interna.

Grande parte da humanidade está supostamente comprometida com o materialismo ou com os fatos puramente físicos, mas não pode ser considerada distante ou apartada do *Self*. Uma análise mais profunda revela que não existem materialistas; estes estão somente exercitando canais diversificados para deixar fluir a energia que emana da função religiosa da psique.

O jeito de viver das pessoas, que acreditamos ser desastroso ou julgamos como "caminhos do mal e da perdição", nada mais é do que o produto de nossa miopia diante dos mecanismos evolutivos que promovem nosso crescimento espiritual.

Nem sempre os fenômenos psíquicos podem ser entendidos de imediato. Na vida não há nada que não tenha uma razão de ser.

Tudo aquilo que parece trágico e negativo em nossa existência é apenas a vida articulando e traçando caminhos, para que possamos nos desenvolver, crescer e progredir sempre.

As diversas formas de expressão religiosa, manifestadas por

todos os povos, vêm de Deus. Ele é o Psiquismo do Universo, o Mar de Estrelas que governa a imensidão do Cosmo. É o Criador da vida em nós e fora de nós.

A verdadeira religiosidade não precisa se vincular a nenhuma organização externa; ela por si só nos remete ao despertar interior, ao relacionamento com a própria alma, com o *Self – imago Dei*. Por isso, escreveu Paulo de Tarso: ***"Não sabeis que sois um templo de Deus e que o Espírito de Deus habita em vós?"***

Somos filhos de Deus – Causalidade Absoluta, Arquétipo Celeste –, somos frutos de seu amor e vontade e trazemos em nosso íntimo o selo divino impresso na alma imortal – a marca do Si-mesmo.

Confiemos e perseveremos nele, pois Ele nos dirige e guia continuamente, determina e supre nossas necessidades evolutivas.

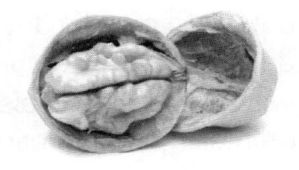

45

PERANTE A DOR

"E não vos conformeis com este mundo, mas transformai-vos, renovando a vossa mente, a fim de poderdes discernir qual é a vontade de Deus".
(Romanos, 12:2.)

Nossas dores podem ser analisadas como fonte de aprendizagem ou cárcere de lamentação. Elas surgem para que possamos perceber o que precisamos melhorar ou reformular interiormente.

Dificuldades e conflitos são materializações de atos e atitudes íntimas que precisam ser reavaliados. Portanto, não tomemos postura de vítima perante as dores; antes busquemos em nós mesmos as causas que as motivaram.

Quem vive se justificando diante do sofrimento não quer renovar-se, e quem se acomoda transforma as dificuldades em conflito, fazendo da existência um verdadeiro tormento.

Talvez a falta de flexibilidade seja a causa primária de muitos de nossos desajustes. A vítima não quer ver a realidade, o equívoco e os limites humanos; simplesmente veste o "manto da infelicidade" e culpa o mundo que a rodeia.

Criaturas flexíveis e abertas utilizam-se de atitudes experimentais, jamais definitivas. Fazem novas "leituras de mundo" e reavaliam ideias e ideais, sempre que surjam novos fatos ou acontecimentos.

Eis a regra de ouro diante da dor: "jamais se imobilizar no tempo e nunca fechar as 'cortinas da janela' da alma, pois isso leva a uma vida de ilusões e vazia de experiências". O amanhã existe para que não fiquemos presos no hoje.

"E não vos conformeis com este mundo, mas transformai-vos, renovando a vossa mente, a fim de poderdes discernir qual é a vontade de Deus".

A "vontade de Deus" nada nos apresenta que não seja educativo e fecundo para o nosso crescimento e renovação interior. Examinemos cuidadosamente nossas aflições; nelas estão contidos os avisos e lembretes de que necessitamos para harmonizar a nossa existência.

46

AUXÍLIOS INVISÍVEIS

"O Reino de Deus é como um homem que lançou a semente na terra: ele dorme e acorda, de noite e de dia, mas a semente germina e cresce, sem que ele saiba como. A terra por si mesma produz fruto: primeiro a erva, depois a espiga e, por fim, a espiga cheia de grãos".
(Marcos, 4:26 a 28.)

Nem sempre conseguimos perceber com lucidez os auxílios espirituais que recebemos de Mais Alto. No entanto, nossa existência é controlada por uma Fonte Divina, perfeita e harmônica, cuja única intenção é a evolução das almas.

O que nós conhecemos não é a realidade, mas o que a nossa instrumentalidade pode perceber sobre ela. A plenitude da realidade é muito maior do que a ideia ou imagem que concebemos do mundo.

Podemos definir como "míope espiritual" aquele que toma a parte pelo todo e impõe a si e aos outros essa parte como sendo o todo.

Da mesma forma que não podemos calcular com precisão, e de modo consciente, os benefícios da respiração, da água, dos alimentos e das energias da Natureza em nossa vida orgânica, igualmente não nos damos conta dos benefícios da movimentação desencadeada pelos processos transcendentais que nos alcançam a vida íntima.

O Criador, Guardião de tudo o que existe, Artífice da máquina da vida, nos protege de forma contínua, suprindo-nos interna e externamente, quer reconheçamos, ou não, como verdadeira a Vida Providencial.

Na vida física, a criatura se desenvolve sem notar precisamente como ocorre esse fenômeno invisível em seu cosmo orgânico. Do mesmo modo, espiritualmente, progredimos e amadurecemos sem perceber como se processam os *insights*, isto é, a clareza súbita na mente, ou os saltos evolutivos promovidos no interior de todas as coisas e seres viventes.

Jesus de Nazaré se reportou a esse respeito, afirmando: *"O Reino de Deus é como um homem que lançou a semente na terra: ele dorme e acorda, de noite e de dia, mas a semente germina e cresce, sem que ele saiba como. A terra por si mesma produz fruto: primeiro a erva, depois a espiga e, por fim, a espiga cheia de grãos"*.

Não podemos acreditar que somos "órfãos do Universo". Podemos chamar Deus de Providência, uma vez que o seu pensamento é que provê o espaço cósmico; podemos também intitulá-lo de Destino, pois Ele é a Causalidade Excelsa; igualmente podemos denominá-lo de Natureza, visto que tudo nasce de seu Psiquismo Criador.

Quando cremos que os auxílios invisíveis fazem parte de nossa existência, desenvolvemos o potencial de religiosidade – encontrar Deus em nós – e saímos das nossas zonas de conforto para níveis de consciência cada vez mais amplos e elevados.

No campo da fisiologia, o termo homeostase foi criado para definir o processo auto-regulador pelo qual um organismo se mantém num adequado e constante ponto de equilíbrio.

É um mecanismo de proteção ou de compensação que o corpo físico dispõe para equilibrar as diversas funções e composições químicas internas, a saber: pressão arterial, temperatura corporal, pulsação cardíaca, taxa de açúcar no sangue e outras tantas.

Tomemos como exemplo a temperatura. Uma das funções da pele é ajudar a conter qualquer disposição do corpo de ficar demasiado quente ou frio.

O principal regulador da temperatura corporal acha-se localizado no cérebro (no hipotálamo). Ele possui termostatos para registrar a elevação e a queda da temperatura.

Ao menor sinal de excesso de calor, acelera-se a circulação do sangue na pele, e o calor dos órgãos internos se transporta para os pequenos vasos sanguíneos, abaixo da pele, ali se desfazendo.

O mesmo termostato estimula a atividade das glândulas sebáceas localizadas no fundo do tecido subcutâneo. O suor secretado pelas glândulas sudoríparas é destilado pelos poros através da transpiração, evaporando-se ao contato com o ar exterior, e isso proporciona um resfriamento eficaz.

Podemos traçar um paralelo entre o princípio da homeostase existente no organismo humano com o processo auto-regulador atuante na estrutura da psique.

No inconsciente, o *Self*, arquétipo central que tem a função de unificar, reconciliar e reequilibrar todo o governo psíquico, mantém, de modo semelhante, uma sabedoria instintiva que pode corrigir desacertos e excessos da consciência, equilibrando-a e protegendo-a dos perigos da alienação.

Como psicólogo e psiquiatra, Jung foi quem melhor soube entender e respeitar a providencialidade do auxílio invisível que a tudo apoia e equilibra.

Jung colocou no centro de todo processo psicoterápico o princípio do "poder atuante e autônomo do inconsciente". Em virtude disso, entendemos que a autêntica psicoterapia nada mais é do que "saber escutar e acompanhar" o outro, com ouvido empático, interpretando as manifestações e possibilidades oferecidas pelo poder criativo e atuante do próprio inconsciente.

Fazendo uma analogia da teoria do "poder criativo e autônomo do inconsciente" com os nossos conceitos, poderíamos interpretá-lo como "a onipresença e a onipotência de Deus em nós".

Com muita propriedade disse Cristo Jesus: "Em verdade vos

digo: se tiverdes fé como um grão de mostarda, direis a esta montanha: transporta-te daqui para lá, e ela se transportará, e nada vos será impossível"[1].

A fé de que se fala aqui é a entrega incondicional aos desígnios de Deus. Essa fé não se limita à esfera religiosa, não se identifica com estudos teológicos e eclesiásticos e não se deixa restringir a nenhuma igreja ou seita. Ninguém possui o monopólio dessa fé, uma vez que ninguém pode viver sem ela.

O auxílio invisível chega a todos nós com a mesma sutileza com que os raios do sol fazem aparecer o dia. Justos e injustos recebem invariavelmente o suprimento divino, e ele desce imperceptível sobre as criações e as criaturas como um orvalho fecundo e fundamental à nossa vida de Espíritos imortais.

---

[1] Mateus, 17:20.

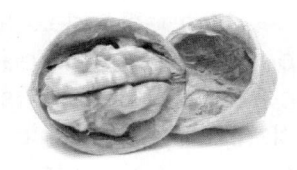

47

FILHOS DA LUZ

"E a luz brilha nas trevas,
mas as trevas não a apreenderam".
(João, 1:5.)

A ordem e a plenitude do Universo nos são reveladas à proporção que nos tornamos lúcidos para percebê-las. A mente, quando se expande e capta novos conceitos, jamais volta ao seu tamanho anterior.

A vida exterior é o retrato plasmado do reino interior; portanto, nós criamos, com nossas convicções, ideias e pensamentos, o "céu" ou o "inferno" em que vivemos.

Nossa intimidade nos aproxima ou nos afasta das belezas exteriores, por sintonia e atração.

Tudo que nos rodeia foi estimulado por nossa mentalidade, que detalha nossa posição diante do mundo, utilizando crenças e pontos de vista correspondentes à nossa estrutura mental, aos padrões de pensamento, às ideias que usamos para compreender nossa existência e realidade.

A capacidade intelectual/emocional é a matriz – da leitura de mundo e do modo de compreensão – pela qual a pessoa consegue avaliar sua vida interna e externa. Portanto, a nossa clareza de raciocínio e a nossa capacidade de percepção constituem subprodutos mentais, emocionais e espirituais de tudo que vivenciamos e adquirimos na vastidão dos tempos.

Certas criaturas são caracterizadas por processos e atividades psicológicas obscuras e empobrecidas; são escravas da mentalidade alheia. Sua capacidade de sentir e de agir depende, invariavelmente, do humor das pessoas, pois seu equilíbrio emocional está preso ao estado psíquico dos outros. Passam grande parte do tempo tentando mudar o temperamento daqueles com quem convivem, supondo com isso garantir momentos de paz e satisfação pessoal. São denominadas "reféns emocionais" – ainda não acenderam o próprio archote para iluminar a casa mental.

Quando alcançamos o conhecimento superior, nosso estado de consciência se amplia e a visão interna é imediatamente iluminada. O que levou o apóstolo João a proclamar *"E a luz brilha nas trevas, mas as trevas não a apreenderam"*.

Quando tomarmos consciência da capacidade de materializarmos fora o que somos por dentro, compreenderemos que cada um de nós vive no mundo de luz ou de trevas que criou para si. A propósito, há tantos mundos quanto o número de pessoas.

O meio ambiente do homem é um espelho onde é refletida sua mentalidade. Jamais enxergaremos algo diferente de nós, visto que nosso interior filtrará dos fatos e dos acontecimentos, iguais para todos, somente aquilo com que temos afinidade.

48

SUBPERSONALIDADES

"Zaqueu.. procurava ver quem era Jesus, mas não o conseguia por causa da multidão, pois era de baixa estatura. Correu então à frente e subiu num sicômoro para ver Jesus que iria passar por ali. Quando Jesus chegou ao lugar, levantou os olhos e disse-lhe: Zaqueu, desce depressa, pois hoje devo ficar em tua casa".
(Lucas, 19:2 a 5.)

O desconhecimento da nossa intimidade e as crenças inadequadas e inconscientes que sustentamos sobre nós e sobre a natureza humana influenciam sobremaneira a capacidade de compreendermos claramente os vários fenômenos psicológicos e emocionais presentes nas atividades de nossa casa mental.

Por isso, para entendermos o funcionamento da vida íntima, precisamos silenciar nosso interior e não sentir medo de olhar para dentro de nós mesmos, sondando as nossas profundezas.

Precisamos enxergar muito além da chamada visão normal e ultrapassar as fronteiras da imposição das autoridades intelectuais egocêntricas. Em última instância, fazer um constante exercício no reino do pensamento reflexivo.

Zaqueu é o protótipo do nosso desejo de ver, de ir além, de

penetrar, de transpor, de percorrer de uma extremidade a outra, para discernir melhor a transcendência da vida.

"Ele procurava ver quem era Jesus, mas não o conseguia por causa da multidão, pois era de baixa estatura".

A personalidade que nós apresentamos aos outros como real é, muitas vezes, uma "subpersonalidade", uma variante às vezes muito diferente da realidade interna.

Julgamentos, pontos de vista, ideias e pensamentos, positivos ou negativos, são forças ativas de indução que formam "estruturas energéticas" – animadas de intensa atividade –, que se movimentam em nosso halo mental. Essas estruturas energéticas podem ser denominadas "subpersonalidades", "personalidades parciais", ou "formas-pensamento". São aspectos do ego, também conhecido como *persona*.

Elas giram em torno do seu criador, estando sempre prontas para o influenciar, de forma determinante, sempre que houver condições receptivas. Assemelham-se a verdadeiros discursos internos.

A *"multidão"* que impedia Zaqueu é como as várias personalidades ocultas que nos impedem de ver com lucidez os recados da alma. Sua *"baixa estatura"* é a representatividade da limitação egóica em que vivemos.

Quando estamos identificados com determinada "subpersonalidade", todas as nossas percepções são definidas por ela. Passamos a ter uma visão de mundo com limites particularmente fixados.

É preciso alcançar uma posição superior, subir *"num sicômoro para ver Jesus que iria passar por ali"*. Alçar-se nessa figueira nativa é o mesmo que sair de todo e qualquer "nivelamento psicológico", não se deixar dominar pelas "convenções sociais" que, em muitas ocasiões, impermeabilizam a mentalidade dos seres humanos.

Muitas das "subpersonalidades" são criadas na fase infantil, e, em determinadas épocas, podem ter uma função útil e defensiva.

Por exemplo, uma criança de cinco anos de idade pode suprir sua necessidade de atenção e carinho quando é manipuladora ou manhosa. Ela forja, de modo imperceptível, um comportamento birrento ou chorão, para que possa ser notada e ouvida pelos pais.

Se, ao tornar-se adulta, continuar manipulando as pessoas com esse tipo de atitude a fim de conseguir cuidados e zelos, obviamente estará usando uma forma inadequada de se relacionar. Estará deixando de lado a espontaneidade e a sinceridade, princípios vitais em qualquer relação humana.

Embora o papel de manipulador tenha sido proveitoso em certo período da vida dessa criança, o que lhe garantiu reconhecimento e amor dos outros, se perpetuado, com certeza lhe causará desencontros, raiva e falsidade no convívio com seus semelhantes. Essa atitude pode impedi-la de encontrar formas maduras e saudáveis de convivência.

A "manipulação" é um entre os muitos padrões comportamentais adquiridos nesta ou em outras existências. A "subpersonalidade manipuladora" é uma das inúmeras facetas do ego, construídas ao longo da vida.

Somos naturalmente aprisionados ou libertos pelas nossas próprias criações, de acordo com as correntes mentais que idealizamos.

Precisamos distinguir os traços característicos dessas "personalidades parciais", visto que, se nos identificarmos fortemente com qualquer uma delas, poderemos nos debilitar ou prejudicar nosso crescimento espiritual e emocional.

Apresentamos a seguir um jeito simples de entender as várias facetas de algumas de nossas "subpersonalidades". Podemos denominá-las de forma figurada utilizando seus respectivos conteúdos psicológicos: a narcisista, a magoada, a aconselhadora, a ferina, a manipuladora, a impecável, a sistemática, a sabe-tudo, a candura, a salvadora, a mártir, a melindrada, a super-heroína, a sempre-certa e outras tantas.

É importante acolhermos nossas "subpersonalidades", sejam quais forem, com aceitação e cordialidade. Elas podem nos mostrar as tarefas que ficaram inacabadas, o que temos que fazer para não perpetuar padrões do passado, além de indicar-nos as lições de transformação íntima que precisamos efetuar.

O desenvolvimento de uma criatura sadia exige consciência de si, ou seja, consciência reflexiva sobre si própria, sobre sua condição e seus processos interiores. Essa autoconsciência é que nos dá a habilidade para diferenciar e identificar nossos conteúdos psíquicos, e alterá-los, melhorá-los ou renová-los.

"Quando Jesus chegou ao lugar, levantou os olhos e disse-lhe: Zaqueu, desce depressa, pois hoje devo ficar em tua casa".

"Ele procurava ver quem era Jesus", mas, ao mesmo tempo, *"Jesus levantou os olhos"* e o buscou. É o reencontro daquele que busca com a criatura que se procura. É incontestável que todos nós um dia ficaremos frente a frente com a Realidade Maior, pois ela, por sua vez, também nos busca e vem ao nosso encontro.

Ao estabelecermos uma conexão com o *Self*, ou Si-Mesmo, experimentaremos uma abundante e ilimitada visão de acesso à sabedoria, alegria, afetividade, coragem, lucidez, compreensão, amor, respeito, liberdade, desapego, compaixão, individualidade e perdão.

Devemos reconhecer que o primeiro passo para a renovação das atitudes é deixarmos de olhar o mundo através de uma máscara, ou *persona* – personalidade que nós apresentamos aos outros como real –, e nos ligarmos à amplitude do centro, ou *Self*. E distinguir a sensação entre o relacionamento com o "eu pequeno" e o "Eu real", ou seja, a alma.

49

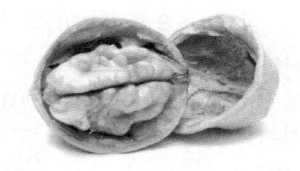

AGORA

*"Quando se diz: Hoje, se lhe ouvirdes a voz,
não endureçais os vossos corações".
(Hebreus, 3:15.)*

Hoje é teu melhor tempo.

Sofres desrespeito por parte de companheiros.

Sofres perda financeira.

Sofres falta de afeto verdadeiro.

Sofres de solidão, mesmo entre teus familiares.

Sofres pelo falecimento de entes queridos.

Sofres deserção de amigos amados.

Sofres decepção com parentes em quem depositavas confiança.

No entanto, teu agora é a melhor chance que Deus te deu para fazeres nova avaliação de teu conceito de fidelidade, de amizade, de respeito, de amor, de finanças e de prosperidade, de morte física ou moral, de desilusão, de desapego.

Hoje é o tempo de mudança, agora é a melhor hora para mudar.

No "*ranking* da mudança", o tempo sempre introduz novidades; quer dizer, a cada instante traz algo que não era feito antes. Ele ocupa a posição número um, sendo considerado o grande inovador no mundo.

A existência humana nada mais é do que uma "rede" tecida através do tempo pelos fios de hábitos. Essa "rede" é geralmente muito tênue para ser notada, e muitas vezes forte demais para ser rompida.

Reflete, reelabora e refaze teus ideais, ideias e crenças. *"Hoje, se lhe ouvirdes a voz, não endureçais os vossos corações".* Hoje é teu melhor momento para ouvires a voz da renovação.

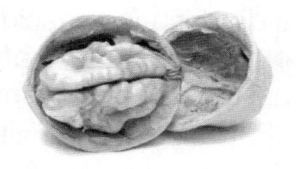

50

A INVEJA

"É verdade que alguns anunciam o Cristo por inveja e porfia, e outros por boa vontade: estes por amor proclamam a Cristo."
(Filipenses, 1:15 e 16.)

O sectarismo, há tanto tempo predominante nas atividades da fé, encontra neste versículo de Paulo de Tarso aos filipenses um antídoto contra o espírito polêmico e invejoso. A atitude sectária ou intolerante pode ter como base a estrutura psicológica da inveja.

São sinônimos de porfia: discussão, polêmica, desavença, disputa, contenda em torno de questões que suscitam desentendimentos e que podem levar a ataques verbais e, até, físicos.

Quase sempre, os polemizadores cultivam exteriormente uma postura de certeza absoluta, por causa de dúvidas profundas em sua mente inconsciente. Quem tem convicção no que diz não altera a voz nem tenta vencer ou persuadir, de forma obstinada, a nenhuma pessoa sobre suas ideias e ideais.

À emoção da inveja se misturam as da raiva, da frustração

e do despeito nascidas diante da felicidade e prosperidade de outrem. Ela é uma afronta à individualidade alheia, produzindo nas pessoas uma sensação de impotência e de falta de valor.

Nasce do despeito de quem observa o bem-estar e sucesso da originalidade das criaturas que são o que querem ser e que fazem as coisas do modo como querem fazer.

Os invejosos examinam-se constantemente e, ao mesmo tempo, cobiçam as habilidades dos outros, sejam elas materiais/pessoais, psicológicas/emocionais ou espirituais/religiosas. Possuem uma amargura íntima em face da constatação da prosperidade e do progresso de seu semelhante.

A inveja objetiva tanto as propriedades como o prestígio, o ter quanto o ser; não só os bens, mas também as qualidades do próximo, podendo tornar-se um comportamento crônico na vida do ser humano.

O contato com outras criaturas nos atrai, nos seduz, nos conduz a querer mais, a desejar sempre coisas novas, e nós nos impomos alvos cada vez mais elevados.

Na infância, crescemos olhando os nossos parentes importantes e amigos da família. Quando adultos, notamos o que fazem artistas bem-sucedidos, os modelos de beleza, as personagens políticas e religiosas, as figuras em destaque, indivíduos afortunados, e nos comparamos com eles. A inveja é instigada pelos desejos exteriores.

Mas esses anseios desmedidos podem nos levar, com frequência, a decepções e desgostos por não conseguirmos satisfazer nossa exigência idealizada. Em cada aspiração há muitas vezes a possibilidade de perda.

A frustração sempre aparece quando não conseguimos eliminar o estado de tensão ou excitação corporal (criado por nós mesmos) ao não atingirmos o objetivo cobiçado.

Nem sempre alcançamos o êxito dos outros. Somos constrangidos, então, a retroceder. Essa decepção pode assumir várias formas emocionais: vingança, raiva, ódio, tristeza, desinteresse. Ou mesmo repulsa e desprezo pela figura em destaque com a qual nos havíamos identificado.

Em decorrência do desejo frustrado, tentamos afastar de nossa mente a pessoa que havíamos supervalorizado, depreciando-a, diminuindo seus valores e qualidades pessoais, afirmando que ela nada vale. Essa é uma das origens primordiais do surgimento do boato maldoso, da maledicência ou da calúnia.

A inveja pode ser analisada como um mecanismo de autodefesa. É a tentativa de uma pretensa proteção por meio de uma atitude de repulsa ou de desvalorização de outrem.

Os mecanismos de defesa do ego são processos mentais construídos para proteger nossa vulnerabilidade. São medidas de autoproteção que permitem ao indivíduo sustentar sua integridade psicológica servindo-se de um "auto-engano".

Muitas criaturas, por não conseguirem conviver com seus reais sentimentos e emoções, tentam contê-los ou encerrá-los, disfarçando-os ou omitindo-os.

Através desses mecanismos, almofadamos nosso ego para evitar maiores lesões ou danos. São tentativas de proteção e, ao mesmo tempo, barreiras que impedem o encontro com o "Eu verdadeiro".

Outra fonte básica da inveja é encontrada no hábito da comparação. Para sabermos o nosso autovalor ou o quanto somos queridos, nos comparamos com as qualidades de outras pessoas.

Igualmente, começamos, na fase infantil, a nos colocar "frente a frente com o outro", nos julgando e comparando com nossos irmãos, primos e outros parentes próximos. Em outras circunstâncias, são os próprios pais que estabelecem comparações, criando uma espécie de classificação e nivelando as criaturas em iguais, superiores ou inferiores a algo ou alguém.

A seguir, no decorrer da vida, esse confronto ou julgamento se perpetua: com os colegas de escola, com os amigos em agremiações comunitárias, em instituições religiosas e em outras atividades sociais.

Continuamos sendo avaliados e avaliando tudo que existe ao nosso redor, querendo ser os melhores, os mais considerados e aplaudidos, enfim os superiores.

Se não acionarmos dispositivos psicológicos para conter esse impulso, ele pode se tornar desenfreado, incitando-nos a disputar, avaliar e julgar continuadamente a tudo e a todos.

O ciclo de comparação pode se manter em nosso cotidiano por tempo indeterminado – algumas vezes atenuado, outras vezes mais intenso; ora damos passos à frente, ora passos para trás.

A inveja se traduz sempre por uma atitude de competição, em que o prestígio, o sucesso e o poder não são conquistados, e sim ambicionados; uma busca daquilo que pertence a outras pessoas, ou é mérito delas.

A aspiração e a avaliação são dois pilares válidos e estruturais do nosso mundo íntimo, mas podem se tornar fontes da inveja. Precisamos nos apropriar de nossos valores inatos, pois todos temos forças em potencial que tendem a crescer, ampliar, expandir e nos conduzir à realização de ser, ter e fazer o que almejamos.

"É verdade que alguns anunciam o Cristo por inveja e porfia, e outros por boa vontade: estes por amor proclamam a Cristo.".

Lendo a afirmativa de Paulo, reconhecemos que, em todos os tempos, a humanidade enfrentou a intransigência dos religiosos fanáticos e fundamentalistas que *"anunciam o Cristo por inveja e porfia"*, enquanto *"outros por boa vontade"*.

Budistas, católicos, judeus, hinduístas, espíritas, protestantes, muçulmanos e outros tantos religiosos transitam influenciados pelas garras da porfia e da inveja, como se a religiosidade se exprimisse através do fermento da separação.

Todos os indivíduos devem evitar a ameaça do sentimento faccioso, que adia indefinidamente a paz no Planeta e sublimes construções espirituais.

Na Casa do Pai não há diferença entre as criaturas. Muitos querem se apropriar da Divindade, mas se esquecem de que a paternidade divina é herança sagrada de cada ser humano.

A verdadeira religiosidade vai muito além dos territórios geograficamente delimitados pelos homens e, por consequência, elimina as fronteiras culturais, psicológicas e sociais que envolvem os povos da Terra.

O ser desperto não se prende a nenhuma doutrina de caráter discutível, de cujos adeptos se espera que a aceitem passivamente. Ele não as deprecia, nem as combate pela polêmica; pode não aceitá-las, mas as respeita.

A inveja surge sempre como um relâmpago, atrelada à ideia que temos de nosso próprio valor e do valor que atribuímos aos outros. A cada confronto invejoso encontramos sempre algum obstáculo, que nos coloca em risco e dificuldade. A cada cobiça frustrada há o perigo de naufrágio moral.

Os seres despertos *"por amor proclamam a Cristo"*, são considerados homens de *"boa vontade"*, entendem a religiosidade como um estado de alma e, por isso, não se vinculam a nenhuma organização de ordem hierárquica. Essa religiosidade provoca neles o despertar do Reino dos Céus, o relacionamento com a própria alma.

Mesmo quando somos os invejados, sentimos uma atmosfera densa e nociva. A inveja dos outros nos insulta e zomba de nossas melhores intenções. Há os que procuram restringir nosso próprio valor, desabonando nossa imagem e, dessa maneira tentam sufocar nosso jeito de ser e de viver, intoxicando o dia-a-dia. A inveja é uma forma terrível de agressão.

Todos os indivíduos devem evitar a ameaça do sentimento faccioso, que adia indefinidamente a paz no Planeta e sublimes construções espirituais. Infelizmente, é muito grande o número de orientadores encarnados que se deixam dominar pelas garras perturbadoras da *"inveja e porfia"*. Espessos obstáculos lhes impedem uma unificadora "visão de maioria".

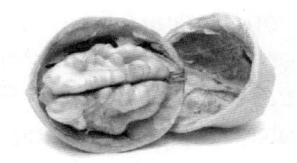

51

FÉ

"A fé é uma posse antecipada do que se espera, um meio de demonstrar as realidades que não se veem".
(Hebreus, 11:1.)

Fé não é uma questão de conveniência. Fé não é uma muleta milagrosa. Fé não é satisfação de caprichos, mas *"um meio de demonstrar as realidades que não se veem"*.

A fé à qual se referia Jesus Cristo é aquela que vibra no coração das criaturas que acreditam que Deus tudo vê e provê. Essa fé verdadeira, que respeita os ritmos e os ciclos naturais da vida, considera que tudo está certo e nada está fora dos domínios da Ordem Providencial.

Ter fé é aceitar a dor e a dificuldade em nossas vidas como pedidos de renovação. Ter fé é perceber as nossas limitações e, da mesma forma, as dos outros e perdoar sempre.

Nossa consciência de vida é diminuta e frágil. Como esperar que um paralítico possa caminhar por uma ladeira íngreme, repleta de fendas e pedregulhos, com precisão e agilidade, sem vacilar? É óbvio que o erro traz consequências para quem errou, mas a Vida Maior não tem como método de educação punir ou condenar. Ela visa apenas transformar a "energia do ato" na "consciência do ato". Em outras palavras, quer que a criatura possa extrair do erro ensinamentos e que fique cada vez mais atenta às leis que regem sua existência. Portanto, ter fé é aprender a nos perdoar e aos outros, para que possamos ser perdoados.

Ter fé é entender que não se consegue paz meramente pedindo, e sim fechando as portas das sensações exteriores a fim de penetrar no sentido interior – a intuição sapiencial.

Enfim, ter fé é compreender que "Deus está em tudo, e tudo está em Deus", conforme legitimou Jesus Cristo: "Quem me vê, vê o Pai. Como podes dizer: Mostra-nos o Pai!? Não crês que estou no Pai e o Pai está em mim?"[1]. Ou mesmo, quando asseverou "Em verdade vos digo: cada vez que o fizestes a um desses meus irmãos mais pequeninos, a mim o fizestes"[2].

Sobre isso também escreve Paulo de Tarso em I Coríntios, 15:28: "para que Deus seja tudo em todos", pois, na realidade, o Criador Excelso está em todas as criações e criaturas, mas não se confunde com nenhuma delas, nem nelas se dissipa.

---

[1] João, 14:9 e 10.
[2] Mateus, 25:40.

52

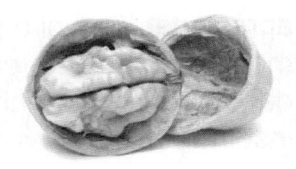

SERÁ QUE BUSCAMOS O QUE QUEREMOS?

"Por isso vos digo: tudo quanto suplicardes e pedirdes, credes que recebestes, e assim será para vós".
(Marcos, 11:24.)

Que queremos realmente da vida? Para que vivemos? Qual a nossa busca verdadeira?

Queremos mesmo viver a vida que levamos?

Queremos mesmo fazer o que fazemos?

Queremos mesmo estar com quem estamos?

Há pessoas que jamais questionam sobre essas coisas porque não querem saber nada sobre si mesmas.

São criaturas que agem impensadamente, sem medir o alcance de suas palavras e gestos, atos e atitudes. Não se dão conta das coisas em sua volta, não percebem as circunstâncias em que vivem. Agem de modo insensato e maquinal. São levianos e incoerentes, há neles ausência de reflexão – não têm nenhum domínio de suas faculdades naturais.

Por outro lado, não são poucos os que se satisfazem em

apresentar para si e para os outros respostas prontas, regulamentadas, banais, corriqueiras. Não se pode entender nada daquilo que não tenha vindo das próprias experiências e vias inspirativas.

Igualmente, são inumeráveis aqueles que, julgando saber muito, limitam-se a repetir "frases feitas" retiradas de compêndios filosóficos e religiosos. Têm respostas para tudo, repisam conceitos ocos ou sem eco, tomam ares de intelectual, mas, em verdade, sentem enorme vazio interior.

Cremos ser de grande utilidade à nossa estrada evolutiva prestarmos atenção reflexiva às palavras do Cristo Jesus: *"Por isso vos digo: tudo quanto suplicardes e pedirdes, crede que recebestes, e assim será para vós"*.

Pedimos de fato o que desejamos? Pode ser que nos darão tudo aquilo de que não gostamos.

Buscamos verdadeiramente nosso íntimo? Se não, acharemos coisas que nada têm a ver conosco.

Batemos na porta que queremos? Talvez abrirão portas pelas quais não queremos passar.

Se não sabemos o que queremos, para onde então estamos indo?

Como a Vida Maior vai facilitar a nossa caminhada se não sabemos qual é nosso rumo ou meta?

Pensemos bem, reflitamos: sentir e viver a vida interior é muito mais do que ficar pensando nela.

Necessitamos tomar uma atitude de observação interna e externa, de atenção perceptiva, junto com o anseio de encontrarmos o nosso verdadeiro lugar na vida, de entendermos o sentido das coisas que nos acontecem, visto que tudo tem um significado implícito.

O mundo nos apresenta uma enxurrada de pensamentos concluídos e opiniões prontas. É um "erro de cálculo" buscar respostas feitas, e muitos de nós ainda não queremos pensar por nós mesmos. Assim procedendo, apenas agravamos a angústia da busca, por não procurarmos o que está imanente na própria alma.

Cada criatura tem um jeito único de ser e crescer, um espaço exclusivo a ocupar neste mundo e um peculiar poder pessoal de mapear seu próprio caminho evolutivo.

O que resulta da opinião alheia e nela se fundamenta é conceito relativo. O que deriva da realidade das coisas – o que se sente e o que se vive, e nela se baseia – é fato autêntico.

A grande maioria das criaturas prefere enxergar por meio dos olhos dos outros; entretanto, devemos perceber a vida com nossos próprios olhos.

Sabemos mesmo o que pedimos? Do contrário, poderemos viver existencialmente, sem paradeiro, como ambulantes sem rumo e sem porto.

Diziam os antigos sábios: "Nenhum vento sopra a favor de quem não sabe para onde ir". Quando temos um objetivo claro, o Universo inteiro conspira silenciosamente em nosso favor.

53

SÓ HOJE

"Não vos preocupeis, portanto, com o dia de amanhã, pois o dia de amanhã se preocupará consigo mesmo. A cada dia basta o seu mal".
(Mateus, 6:34.)

A cada dia a vida te pede cooperação e desempenho, para que faças tudo o que estiver a teu alcance – só hoje.

Aquilo que não te for possível fazer, deixa por conta de Deus. Lembra-te: os mecanismos providenciais estão sempre funcionando a teu favor, mesmo quando não os percebas.

A hora é agora. Em qualquer situação, oferece o melhor de ti mesmo e vive todo o bem que puderes – só hoje.

Compartilha tua afetividade sem economia e experimenta a satisfação de amar – só hoje.

Abraça a causa do bem coletivo, não esmorecendo jamais, e rejubila-te nas colheitas fartas da serenidade – só hoje.

Reparte do que puderes dispor e desfruta a lucidez mental para a solução de teus conflitos íntimos – só hoje.

Colabora com tua habilidade e capacidade para o engrandecimento da humanidade e vivencia a plenitude da realização pessoal – só hoje.

"Não vos preocupeis, portanto, com o dia de amanhã". A felicidade não está distante, mas aqui e agora. A alegria não está no objetivo a ser alcançado, e sim no caminho a ser percorrido – só hoje.

54

O REINO DIVIDIDO

"Conhecendo os seus pensamentos, Jesus lhes disse: Todo reino dividido contra si mesmo acaba em ruína e nenhuma cidade ou casa dividida contra si mesma poderá subsistir."
(Mateus, 12:25.)

Na atualidade, a psiquiatria e a psicologia encontram no **distúrbio obsessivo-compulsivo – DOC** – um quadro clínico cada vez mais frequente e que atinge as diversas raças, culturas e nacionalidades.

Esse distúrbio, mais conhecido como "mania" ou "esquisitice", é uma vontade compulsiva que cria pensamentos ambíguos e embaraçosos, de caráter intrusivo e obstinado, os quais ecoam na casa mental num ciclo persistente e desagradável, gerando muita angústia.

Trata-se de doença aflitiva, associada a uma ideia persistente, que constrange o indivíduo a manifestar atos repetitivos, impulsos estranhos ou rituais inexplicáveis com o intuito de produzir uma sensação de alívio ou mesmo reduzir a ansiedade interna.

Esse desconforto emocional pode levar a criatura a ter desde um leve distúrbio até uma incapacitação extrema no seu cotidiano.

Segundo os estudiosos do DOC, a "chave mestra" para compreendermos um indivíduo com essa compulsão é entender que o circuito interno que detecta quando há algo errado em sua intimidade está acelerado ou funcionando além do necessário.

Esse circuito, alterado por um problema estrutural e/ou funcional, trabalha continuamente, mesmo quando o erro é corrigido. Deixa o indivíduo em constante apreensão e desconforto, como se alguma coisa sempre estivesse errada com ele.

Desse modo, a criatura se sente constrangida a corrigir, de modo incessante, seus equívocos ou erros, reais ou imaginários.

Comportamentos hipocondríacos, medo excessivo de contaminação, ideias frequentes de alinhamento e simetria de objetos pessoais, preocupação exagerada com limpeza e lavagem, mania de verificação ou checagem, senso patológico de responsabilidade, culpa sem nexo, rituais de repetição, atitudes de colecionar objetos esdrúxulos e sem serventia. Esses são alguns entre os muitos comportamentos ligados às pessoas com o transtorno obsessivo compulsivo.

Elas, involuntariamente, possuem um padrão de raciocínio deste tipo: "Tenho minha própria proteção. Ela é forte e imprescindível para que eu possa socorrer os que estão sob meus cuidados. Tenho que afastar a incessante contaminação do mal que está em toda a parte. Através deste meu ritual, compenso com coisas boas para que as coisas ruins não aconteçam".

Outras, inconscientemente, alegam desta forma: "Sabe quais são as regras? É só contar e arrumar tudo milimetricamente, verificar sempre todas as coisas para que nada de errado aconteça. Eu sei disso, mas os outros podem não saber da existência do perigo. Preciso sempre fazer bem feito para contrabalançar o mal".

Para melhor entendermos a atividade funcional do DOC, usaremos como elucidação a rede de células nervosas autônomas da estrutura humana.

Ela é assim chamada porque trabalha de modo inconsciente, não precisando, para tanto, de ordens conscientes.

O sistema autônomo de nervos transmite comandos vitais que mantêm em pleno funcionamento as funções do corpo. Regula os órgãos e os vasos sanguíneos – afetando a respiração, a circulação e o metabolismo – e ativa as ações glandulares e os músculos involuntários.

Se os órgãos internos podem funcionar de modo inconsciente, há situações e momentos em que os nervos sensoriais ativam intensamente o sistema autônomo. Por exemplo, se avistássemos ao longe um leopardo, uma mensagem seria disparada imediatamente para a rede de células nervosas autônomas, responsáveis pelas rápidas adaptações internas, em face de uma circunstância perigosa.

O automatismo nervoso entraria em ação, haveria uma aceleração do sistema respiratório, o coração pulsaria mais rápido, os brônquios se dilatariam, o sangue com maiores quantidades de adrenalina seria lançado aos músculos e outras reações ocorreriam para a preparação de um provável desgaste maior de energia, para a luta ou a fuga.

Agora, imaginemos que uma pessoa acione constantemente esse mecanismo autônomo diante de supostas sensações de ameaças ou de temores fictícios. A impressão de medo ora vem, mas logo em seguida passa, e ressurge novamente. Ela tenta se proteger de um perigo imaginário ou se defender de algo que não vê ou não entende, perpetuando uma atitude de defesa ante uma agressividade irreal.

Esse circuito descompensado é o que chamamos de compulsão repetitiva, pois, quanto mais o comportamento se repete, mais forçado a reproduzir-se.

No DOC, o distúrbio é uma "ruminação mental" onde impera uma constante sensação de erros e equívocos, ocasionando reiteradas correções e verificações cíclicas e aparentemente sem nexo.

Visando à clareza, utilizamos esta alegoria ao comparar dois mecanismos (o orgânico e o psicológico) que possuem certa similitude; no entanto, não tivemos nenhuma pretensão de nos julgarmos especialista em qualquer tipo de conhecimento específico ou excepcional relativo ao assunto em pauta.

Um dos pensamentos obsessivos-compulsivos que provocam mais sofrimentos ao doente é aquele cujo conteúdo envolve o medo de causar dano ou morte a si mesmo ou a alguém a quem muito ama.

As pessoas que apresentam esse distúrbio criam rituais e gesticulações para controlar suas sensações, as quais, segundo elas, podem levar à doença ou à morte repentina, sua e de seus entes queridos. Por isso é que cumpre a elas fiscalizar e conter o teor de sua atividade mental, ainda que momentaneamente.

O problema é que essas pessoas supervalorizam a importância de seus pensamentos negativos, a ponto de considerar que tê-los é a mesma coisa que fazê-los acontecer, quando sabemos que simplesmente pensar não quer dizer, de jeito algum, que o que se pensou vai se concretizar.

O indivíduo com ideias compulsivas não deveria dar créditos a elas, pois, em verdade, não são seus sentimentos e emoções que vão determinar o que vai acontecer ou não na vida dos outros, haja vista que cada ser recebe o legado de suas próprias experiências do ontem, com possibilidades de alterá-las conforme vivencia as do hoje.

Nossa vontade é força poderosa e determinante somente para nossa vida, não para a vida alheia (da família consanguínea ou da família do coração). Temos conosco o que procuramos, e os outros têm com eles o que procuram. Somos herdeiros de nossos próprios atos e atitudes.

Por essa razão é que Jesus de Nazaré, no episódio da cura de um obsedado, por conhecer a ação e o poder do pensamento sombrio, nos adverte: ***"Todo reino dividido contra si mesmo acaba em ruína e nenhuma cidade ou casa dividida contra si mesma poderá subsistir"***.

Cada um de nós possui um "reino" ou "casa íntima" contendo uma vastidão de sentimentos e emoções, tendências e possibilidades, pensamentos e criações. Portanto, ter na própria intimidade o *"reino dividido contra si mesmo"* ou a *"casa dividida contra si mesma"* equivale a dizer que: transitamos presos ao mundo das oposições, que se divide em dois, o de dentro e o de fora; vivemos temerosos entre erros e acertos, entre o bem e o mal, entre o certo e o errado, entre a luz e as sombras, prisioneiros da polaridade.

Diz a sabedoria oriental: "os olhos e os ouvidos são saqueadores externos; emoções, desejos, pensamentos são saqueadores internos. Mas, se a nossa mente estiver tranquila, alerta e desperta, poderá transitar serenamente entre esses saqueadores, sem os segregar ou dividir, e eles se transformarão em pacíficos membros do lar".

Enquanto mantivermos uma luta discriminatória a fim de ter sob controle rigoroso nossos pensamentos, estaremos nos expondo ao risco de potencializá-los e de vê-los transformados em obsessões compulsivas. Não é preciso nem superestimá-los nem subestimá-los. A propósito, não querer pensar em alguém ou em alguma coisa já nos remete mecanicamente a pensar neles.

Os indivíduos que atribuem aos seus estímulos internos (pensamento, sentimento, emoção e outros tantos) um caráter absoluto, soberano e independente, não lhes dando um valor relativo, nem os colocando em contato direto com a realidade, assemelham-se à *"cidade ou casa dividida contra si mesma"*.

Para que não se perpetue a desarmonia ou o desequilíbrio na casa íntima é necessário tomarmos posse dos atributos considerados inerentes à alma humana: atividade, unidade, identidade, autonomia e posicionamento.

Sem comando mental, a criatura passa a ser influenciada pelos "saqueadores externos e internos". É como se não agisse por si mesma, e sim como um ser de comportamento maquinal, executando tarefas ou seguindo ordens, destituído de consciência, raciocínio, vontade ou espontaneidade. Tudo o que sente, pensa e faz parece estar sendo dirigido por algo fora de sua autoridade.

Entreguemos nossas síndromes de ansiedade, medo e transtornos compulsivos nas mãos de Deus. Submetamos nossas enfermidades psíquicas sem causa específica à ação divinal.

Lembremo-nos de que o homem ávido de paz de espírito e de renovação mental esforça-se, confia e espera incessantemente, porque sabe que "a luz brilha nas trevas, mas as trevas não a apreenderam"[1]. E, igualmente, não podemos nos esquecer de que, segundo o apóstolo João, devemos crer e jamais temer porque, em síntese, "nós somos de Deus"[2].

---

[1] João, 1:5.
[2] I João, 4:6.

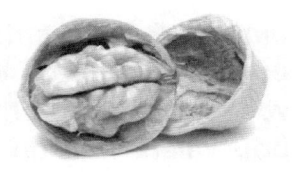

55

PRECE DO PERFECCIONISTA

*"Não se vendem dois pardais por um asse? E,
no entanto, nenhum deles cai em terra sem o
consentimento do vosso Pai! Quanto a vós, até mesmo
os vossos cabelos foram todos contados. Não tenhais
medo, pois valeis mais do que muitos pardais".*
(Mateus, 10:29 a 31.)

Senhor Jesus, livra-me da compulsão para fazer as coisas com perfeição.

Ajuda-me a aceitar a normalidade das falhas humanas.

Neste momento de minha caminhada evolutiva, compreendo que me criaste para viver humanamente e não perfeitamente. Hoje "ser homem" é respeito ao limite daquilo que sou.

Amigo Excelso, que eu possa retirar de meu vocabulário diário as expressões: "ter que", "deveria", "precisaria agir" ou "atuar melhor". Certas frases que utilizo com frequência me induzem a fazer além do que eu sei ou posso fazer.

Quase sempre, amável Condutor de Almas, noto que ninguém me repreende tão cruelmente quanto eu mesmo.

Disseste certo dia: ***"Não se vendem dois pardais por***

um asse? E, no entanto, nenhum deles cai em terra sem o consentimento do vosso Pai! Quanto a vós, até mesmo os vossos cabelos foram todos contados. Não tenhais medo, pois valeis mais do que muitos pardais".

Todavia, Senhor, quase sempre me esqueço dessas tuas palavras de confiança e destemor e tento buscar no perfeccionismo uma forma de compensar meu medo de viver, de indenizar a insegurança que me domina, de conter minha inquietação diante da existência.

Esclarece-me, Mestre Galileu, para que eu perceba com clareza minhas fronteiras internas e externas, e jamais deixes que eu me compare com os outros. Quando faço comparações, sempre me frustro, Senhor Jesus.

Que eu perceba até onde devo ir, até onde minhas forças aguentam, até onde são úteis e verdadeiras as minhas buscas existenciais.

Não permitas que eu me fantasie de herói ou de super-criatura, uma vez que pertenço à raça humana, tenho dificuldades e pontos fracos, estou aprendendo lições comuns e vivendo situações apropriadas às minhas forças.

Rabi de Nazaré, não consintas que eu ignore os meus erros, pois, dessa forma, tudo o que eu teria que aprender com eles ficaria prejudicado.

Luz do Mundo, quando a síndrome de onipotência me envolver a casa mental, ajuda-me a me desvencilhar dela rapidamente, a admitir minha vulnerabilidade e a retomar o que me é devido – minhas possibilidades inatas, singelas e naturais.

A minha mais pura intenção, Senhor, é transformar minha conduta perfeccionista, fonte oculta de ansiedade e amargura. Eu preciso mudar meu esquema mental e buscar formas alternativas de transformação para viver melhor comigo mesmo.

Neste final de rogativa, despeço-me de ti, Preceptor Amigo, solicitando-te, mais uma vez, que venhas em meu socorro, auxiliando-me em minhas lutas íntimas.

Senhor, livra-me da perfeição apressada que me martiriza a

alma e faze com que eu possa aceitar a normalidade das falhas humanas.

Esteja comigo agora e sempre.

Assim seja.

ÍNDICE DAS REFERÊNCIAS BÍBLICAS MENCIONADAS NESTA OBRA

.... *cap./vers.[1]..... cap.[2].......pág.[3]*

NOVO TESTAMENTO

---

[1] Capítulos e versículos bíblicos.
[2] Capítulos desta obra.
[3] Número da página que inicia o capítulo.
(*) Introdução

Levamos o livro espírita cada vez mais longe!

boanova editora

📍 Av. Porto Ferreira, 1031 | Parque Iracema
CEP 15809-020 | Catanduva-SP

🌐 www.**boanova**.net

✉ boanova@boanova.net

📞 17 3531.4444

🟢 17 99777.7413

Siga-nos em nossas redes sociais.

f 📷 ♪ ▶

@boanovaed   boanovaeditora

CURTA, COMENTE, COMPARTILHE E SALVE.
utilize #boanovaeditora

Acesse nossa loja   Fale pelo whatsapp